JN268367

幸福へのヒント

光り輝く家庭をつくるには

大川隆法

まえがき

心の総合誌《そうごうし》である月刊《げっかん》『ザ・リバティ』誌上《しじょう》で、私の対機説法《たいきせっぽう》シリーズ「人生の羅針盤《らしんばん》」が好評連載《こうひょうれんさい》されている。もう七年も続いているのでお読みになった方も多いだろう。その時節《じせつ》、折々《おりおり》のテーマをふまえた人生相談に、ある時は、快刀乱麻《かいとうらんま》を断《た》つが如《ごと》くスパッと答え、別《べつ》の時には、質問者本人の意表《いひょう》を突《つ》く禅問答《ぜんもんどう》さながらの解答《かいとう》を出している。どの質疑応答《しつぎおうとう》も一期一会《いちごいちえ》（その人への生涯《しょうがい》一度きり）の思いをこめた珠玉《しゅぎょく》の対機説法となっている。同じ質問を別の時に、別の人から聞いたとしたら、私の解答は全《まった》く異《こと》なるものになったであろう。

さて、本書は、この対機説法シリーズから、家庭の幸福にかかわるものを中心に集めたものである。各家庭で常備《じょうび》し、通勤時《つうきんじ》にも必携《ひっけい》すべき幸福のヒント集である。しかも、内容的《ないようてき》には類書《るいしょ》の追随《ついずい》を許《ゆる》さない深さがあることは、一読《いちどく》すればお判《わか》りになるであろう。あなたの人生問題の解決《かいけつ》に本書がお役に立ったならば、ぜひ友人知人にもおすすめいただきたい、著者《ちょしゃ》、自選《じせん》、自薦《じせん》、自信《じしん》の一書《いっしょ》である。

（注）対機説法《たいきせっぽう》……教えをきく人の能力・素質《そしつ》にふさわしく法を説《と》くこと。

二〇〇三年　九月

幸福《こうふく》の科学総裁《かがくそうさい》　大川隆法

幸福へのヒント　目次

第1章　お父さんの幸福へのヒント

第2章　夫婦《ふうふ》の幸福へのヒント

第3章　子供《こども》の幸福へのヒント

第4章　みんなで明るい家庭をつくろう

第1章

お父さんの幸福へのヒント

For the Father

1 中年男性の自殺を防《ふせ》ぐには

Q

最近、「四十代や五十代の男性が自殺をしてしまい、遺《のこ》された家族が悲嘆《ひたん》に暮《く》れている」という話をよく耳にします。中年男性の自殺を防《ふせ》ぐために、本人や家族、職場の仲間《なかま》などにできることは何でしょうか。

A

自殺せずに乗り切るための智慧《ちえ》を

日本では現在、交通事故《じこ》の年間の死者は一万人を割《わ》るようになりました。しかし、一方では、年に三万人もの人が自殺しています。

この自殺者の数を何とかして減《へ》らしたいと私は考えています。まずは、年間の自殺者数を二万人ぐらいは減らして、一万人以下に抑《おさ》え、次に、五千人ぐらいにまで下げていくようにしたいのです。

これは、努力すれば可能《かのう》ではないかと思います。何とかして、それを実現したいと考えています。

私は、『大悟《たいご》の法《ほう》』や『常勝《じょうしょう》の法』（共《とも》に幸福の科学出版刊）といった著書《ちょしょ》で、自殺せずに済《す》むための考え方、智慧《ちえ》を示《しめ》しています。

同じような苦しい状況《じょうきょう》に置《お》かれても、ほかの人であれば、自殺せずに、それを乗り切ることがあります。智慧の力は大きいので、「自殺しようと思ったが、最終的には、自殺しないで済んだ」という人の智慧を集めることも大事だと思います。

自殺の兆候《ちょうこう》①――仕事がうまくいかない

中年男性の自殺を防止する手段《しゅだん》として、「その人の周《まわ》りの人たちが、事前《じぜん》に自殺の兆候《ちょうこう》を見つけて抑止《よくし》する」という方法もありますが、これはなかなか大変なことです。

ただ、自殺の兆候はあるものです。

自殺の兆候として、まず挙《あ》げられるのは、「仕事がうまくいかない」ということです。

仕事がうまくいっていて自殺する人はいないものです。そして、仕事がうまくいっていないことは、周りの人たちにも客観的《きゃっかんてき》に分かることがあります。もっとも、それが、同じ職場の人には分かっても、その人の家族には分からない場合があります。それは、その人のコミュニケーション能力によります。

家庭や職場で相談できるかどうか

その人の仕事の内容《ないよう》を家族が知っている場合と、知らない場合とがあります。これは、その人が自分の仕事について家族にどこまで話しているかによって違《ちが》います。

家庭でのコミュニケーションによって、仕事上のストレスをうまく発散している人もいれば、仕事上の問題を家族には秘密《ひみつ》にしている人もいます。

これは明らかに態度《たいど》が違うのですが、そのどちらがよいかは一概《いちがい》には言えない面があります。

仕事で重圧《じゅうあつ》があるときに、それを家族に話さず、一人で持ちこたえている男性には、偉《えら》いところがあります。それを全部、家族に話していると、奥《おく》さんが参《まい》ってしまうこともあるのです。

たとえば、「うちの会社は、今期《こんき》、四千億円の赤字だ」ということを聞かされたら、奥さんはどうなるでしょうか。その数字にどのような意味があるかは、実際にその仕事をしている人には判断《はんだん》できますが、奥さんは、それが分からないため、かなり参ってしまうことがあります。

そういう奥さんは、朝、新聞を見たときに、夫《おっと》の会社について、「今後五年以内に社員を十五パーセント削減《さくげん》の予定」などと書いてあったりしたら、真《ま》っ青《さお》になるでしょう。

仕事上の問題を奥さんに言うほうがよいのか、言わないほうがよいのかは、極《きわ》めて難《むずか》しいものがあります。

世の中が右肩上《みぎかたあ》がりで成長していたときには、家族が夫や父親の仕事の内容をあまり知らないほうがよいことも多かったのです。家庭には、仕事上のストレスは持ち込《こ》まれないで、お金だけが入っていれば、それでよかったわけです。

ところが、現在の世の中は必ずしも右肩上がりではなく、むしろ下がってきているので、家庭で仕事上の話をする際《さい》には、「給料やボーナスが減る」「左遷《させん》される」「転職《てんしょく》する」というような話が多くなってきています。

それから、同じ職場のOLだった人が奥さんであったりすると、奥さんには、「夫は、どの程度《ていど》、出世《しゅっせ》するか」ということが分かる場合もあり、同期《どうき》の人の出世の状況《じょうきょう》を見た奥さんから、「あなたは、こうなるわね」と言われたりして、それがストレスになる人もいます。

ただ、いずれにしろ、会社での仕事の内容について、その人がどこまで家族に知ってもらっているかは、職場の人には分からないものです。職場の人は「家庭のほうで片付《かたづ》くかな」と思っていても、その人が、家庭で仕事についてのコミュニケーションのない人である場合、一人で悩《なや》みを抱《かか》えているという状態《じょうたい》になります。

この場合は、その人の上司《じょうし》や先輩《せんぱい》、同僚《どうりょう》などに、愚痴《ぐち》を聴《き》いてくれるような人がいるかどうかにかかっています。そういう人がいれば、飲んだり食べたりする機会《きかい》に相談することもできます。

しかし、そういう人がまったくいなければ、自分だけで悩みを抱えてしまうことになります。

また、よいことではなく、悪いことを相談するときには、だいたい、最終的な局面での相談になることが多く、ほとんどの場合、「私は会社を辞《や》めるべきでしょうか」という相談になるでしょう。

そのとき、相談された人は、その人を慰留《いりゅう》する（なだめて、思いとどまらせる）のが普通《ふつう》です。「辞めろよ」と言う人は、それほどいないものです。それでも、自分が慰留されることを知っていて、あえて相談する人もいるので、話を聴いてあげるだけでも役に立つこともあると思います。

このように、自殺の兆候としては、まず、「仕事がうまくいかない」という点があるのです。

自殺の兆候《ちょうこう》②――病気

次に挙げたいのは病気です。病気で死にたくなる場合があります。

四十代や五十代の人は、仕事によるストレスも非常に大きいため、病気になりやすいのです。

四十代、五十代になると、それまではあまりしていなかった管理業務などに、非常にエネルギーを使うのですが、能力的についていけないと、ストレスから病気になることがあります。

しかし、病気になったときのつらさを他《た》の人に話すことは、自分の弱点をさらすことになるため、なかなか話せません。そのため、病気の場合も、仕事の場合と同じく、悩みを抱《かか》え込《こ》んでしまうのです。

若《わか》いころから、ときどき病気をした経験《けいけん》のある人は、それなりに〝免疫《めんえき》〟ができているのですが、若いころからずっと病気をしていない人の場合は、仕事が重くなり、急にストレスがかかって、病気をすると、初めての経験であるため、死にたくなることがあります。

これは、要するに、「逃《のが》れたい」ということです。また、実際に体の調子も悪いため、悲観的《ひかんてき》になるのです。

病気になって死にたくなる人は、四十代、五十代に限《かぎ》りません。病気になって自殺する人は、老人にも多いのです。

元気な人には、病気で死にたくなる人の気持ちがなかなか分からないものです。自分も病気になると、そのときは分かるのですが、病気が治《なお》ると忘《わす》れます。病院に入院したときには、死にたくなる人の気持ちが分かるのですが、退院《たいいん》して、しばらくすると、忘れてしまうのです。これが普通《ふつう》です。

自殺の兆候《ちょうこう》③――借金

三番目に挙げたいのは、仕事や病気とも関係があるでしょうが、借金です。

中年男性の自殺には、借金が原因である場合が数多くあります。「借金が返せないので自殺する」というケースです。

借金のある人にとって、借金取りは、ほんとうに怖《こわ》いものです。その意味では、「借金のないことが最大の幸福」という考え方もあるでしょう。

「いまの自分は幸福か、不幸か」と考えている人も、「『借金のないことが幸福』という考え方があるのか」と思えば、急に「自分は幸福なのだ」と思えるかもしれません。

借金が返せるかどうかの計算は大事です。

「借金をし、それを二十年で返す予定だった。ところが、自分の会社が潰《つぶ》れそうだ」ということになれば、それは悩《なや》むでしょう。転職先を探《さが》さなければいけないかもしれません。また、そのことで悩んでいると、病気になったり、仕事がうまくいかずに左遷《させん》されたりすることもあります。

四十代、五十代の人であれば、こういう場合も多いでしょう。

借金を減《へ》らす工夫《くふう》

借金は、基本的《きほんてき》には、その人の能力の範囲内《はんいない》でなければ危《あぶ》ないのです。

借金を抱《かか》えている場合には、できるだけ、それを減《へ》らしていくことが大事です。そして、第二、第三の手を考えておくのです。もちろん、借金そのものをなくすという方法もあります。

たとえば、ある人に二千万円の借金があり、その借金は、その人が六十歳《さい》まで会社に勤《つと》めたら返せるはずのものだったとします。ところが、その人が四十五歳で会社を辞《や》めなければいけなくなったら、予定どおりには返せなくなります。

このときには、どうするかということを考えなくてはいけません。

もっとも、収入の高い会社に転職できれば、その悩みは、その段階《だんかい》で終わります。それはそれでよいでしょう。

それができなかったときには、別《べつ》の方法で借金を減らさなくてはなりません。

その借金が土地や建物などによるものであれば、それを転売《てんばい》して処理《しょり》するという手もあります。

また、奥さんに外で働いてもらうという手もあります。たとえば、パートに出てもらうということも一つです。

それから、借金で苦しみ、自殺する人には、無理をして、いい格好《かっこう》をしているような面があるので、生活《せいかつ》の華美《かび》な部分、ちょっと見せびらかしているような部分を削《けず》っていかなくてはなりません。そのような人に限って、見てくれを考え、高級な外車を持っていたりします。生活のコスト計算がきちんとできていないから、そうなるのです。

そういう人は、子供《こども》の教育のところで非常に無理をすることもあります。自分の子供に対して、授業料《じゅぎょうりょう》の高い私立《しりつ》の学校に行かせることを、事前《じぜん》に約束《やくそく》したりしているのです。借金が返せないのであれば、あっさりと諦《あきら》め、「公立の学校に行かせよう」と考えればよいのですが、「口約束しているため、引っ込みがつかない」ということがあります。

こういうかたちで追い詰《つ》められていって、自殺する場合もあるのです。

収入以上の生活をした者は破滅《はめつ》する

この問題は、基本的には、お金の計算の問題、入るお金と出るお金、いわば家《か》計簿《けいぼ》の左と右の問題です。収入以上の生活をした者は破滅《はめつ》することになっているのです。簡単《かんたん》なことです。

お金に関する考え方は、大企業《だいきぎょう》であろうと、政府であろうと、基本的には家計簿と同じです。基本は、入るお金と出るお金です。これだけなのです。

現在の収入と今後の収入の見込《みこ》み、現在の支出《ししゅつ》と今後の支出の見込みを考え、さらに、現在の貯金の額《がく》を見て、今後どうなるかを考えることが大事です。

これは非常に簡単なことであり、小学生でも分かることなのですが、学校では教えていません。これをまともに教えるところはないのです。大学の商学部では教えている可能性《かのうせい》もありますが、あまりに当たり前すぎて、教えていないかもしれません。

ところが、これのできない人は多いのです。

家計の〝コストカッター〟となる

まず、単純《たんじゅん》に、自分の家の収入と支出を表《ひょう》にして、一枚《まい》の紙に書いてみればよいのです。

一方には、現在の収入や、今後の収入の予定を書きます。自分の会社が危《あぶ》ないのならば、将来《しょうらい》、収入が減ったり、転職したりするリスクもあるので、それも考えながら書いてみます。

もう一方には、現在の支出や、今後の支出の予定を書きます。家賃《やちん》なり、ローンなり、子供の学資《がくし》なり、その他《た》、子供の結婚資金《けっこんしきん》だ何だと、いろいろあるでしょう。それらが、どの程度あるのかを書いてみるのです。

そして、どこかに無理がないかどうかを見て、もし無理があるのであれば、まずは支出をできるだけ減らすことです。無駄《むだ》なものを削《けず》らなくてはなりません。

たとえば、外車を持っていたら、それを売り払《はら》います。外車だと、ガソリン代も、もったいないので、まず、それを売り払います。

次に、「授業料の高い学校に子供を通《かよ》わせる」という妙《みょう》な見栄《みえ》は捨て、歩いて通える公立の学校にします。

奥さんは、高価《こうか》なアクセサリーを身につけることはやめ、ダイヤモンドの指輪《ゆびわ》などは売って、非常に質素《しっそ》な身なりにします。

それから、付き合いのために外で飲み食いし、カラオケで歌ったりする生活はやめます。「酒を飲むとアレルギー症状《しょうじょう》が起きるので、酒は飲めない」「いまは声が出ないので、歌は歌えない」などということにします。こうして、無駄な、見栄の付き合いはやめます。

ゴルフは、お金がかかるので、ぎっくり腰《ごし》になったことにして、やめます。

こうすれば、月に十万円以上の節約《せつやく》ができるかもしれません。

このようにして、切れるものを、できるだけ切っていくのです。他《た》の人たちから、「あいつ、ケチだな」と言われようと、「嫌《いや》な奴《やつ》だな」と思われようと、自分の家の〝コストカッター〟と化さなくてはなりません。

家計の経営再建《さいけん》さえできないような人間が、会社を黒字にできるはずはないのです。まず、コストカッターとなって、削れるものは削ることです。

将来《しょうらい》の収入構造《こうぞう》を冷静に考える

収入のほうは、会社で昇進《しょうしん》でもしなければ、増《ふ》えることはあまりないかもしれません。また、クビになったりすれば、収入はなくなります。

そこで、収入について、今後、増えるめどがあるかどうかを、沈着《ちんちゃく》冷静に考えてみる必要があります。

たとえば、「自分は、生涯《しょうがい》、管理職にはなれないこともありうる」と思ったならば、その場合の収入構造《こうぞう》を先々まで考えてみるのです。また、自分の健康状態《じょうたい》を見て、どこまで働けるかを考えます。

その上で、奥さんと冷静に話し合うのです。

「たぶん、おれは一生ヒラだと思う。課長《かちょう》になるには平均《へいきん》以上の実力が必要だが、おれの実力では、まあ、無理だろう」と話し、「この収入で、このあと暮《く》らせるだろうか」ということを相談します。

そして、暮らせないとなったならば、「悪いが、おまえも、ちょっとパートに出てくれないか。近所のどこかに募集《ぼしゅう》広告が出ていたよ」と言って、パートに出てもらいます。

そのような方法によって収入を増やし、一方では支出を減らすのです。

お金の問題は、基本的には、入るお金と出るお金、紙一枚の問題です。そのマネジメントができる人であれば、自殺はしません。しかし、これができない人は、追い詰《つ》められて死ぬこともあるのです。

経営者は資金繰《しきんぐ》りの勉強を

企業《きぎょう》の経営についても、基本的には家計と同じです。そして、会社の経営者が自殺する場合、原因は、たいてい資金繰《しきんぐ》りです。

会社の社長のなかで数が多いのは、やはり技術者《ぎじゅつしゃ》でしょう。技術者が会社を起こし、社長をやっている場合が多いのです。

ところが、そういう人は、資金繰りについて、あまり分かっていません。学校では教わっていないし、社長になってからも、それについて、人に頭を下げて教えてもらったりはしていないのです。

そういう人のなかには、「部下《ぶか》に経理担当者《たんとうしゃ》がいるから、それでよいだろう」と思っている人もいますが、経理で経営はできないのです。経理と経営は違《ちが》います。経営は、全体を見なければならないので、社長自身がお金についての勉強をしないかぎり、上手《じょうず》にできるようにはならないのです。

そのため、経営者の自殺においては、「技術出身の人が、資金繰りに失敗して、自殺する」というケースが数多くあります。

また、営業出身の社長の場合も、「資金繰りがよく分からなくて自殺する」ということがよく起こります。

資金繰りについては、追い詰められる前に勉強しなくてはいけないのです。

書店へ行くと、資金繰りに関する本はたくさん出ています。「大学で学んでいないから、読んでも、よく分からない」と思うかもしれませんが、難《むずか》しい学問的な本でなくてよいのです。簡単《かんたん》なハウツーもので、二、三時間もあれば読めるような軽い本も多く出ているので、そういうものを五冊《さつ》十冊と買って、一カ月ぐらいかけて読めば、多少は分かるようになります。（例　高橋敏則『資金繰りをラクにする１０８のセオリー』〔ダイヤモンド社刊〕）

そこに書いてあることは、私が前述《ぜんじゅつ》したことと基本的には同じです。入るお金と出るお金についてです。そして、資金ショート（不足）を出さないことです。

そういう本を勉強すれば、資金繰りのやり方が少しは分かるようになります。

経営者は、資金繰りの勉強をしておけば、自殺しないで済《す》むこともあるのです。「苦手《にがて》だ」と思って避《さ》けてきていた人は、これをやることです。

見栄《みえ》を捨《す》て、物事《ものごと》を質素《しっそ》に考える

経営に関しても、家計と同じで、まずはコストカットが大事です。カットできるところはカットしなくてはなりません。見栄《みえ》で発生《はっせい》しているコストは徹底的《てっていてき》に切っていくことです。

もちろん、収入を増やせるのならば、増やしたほうがよいのですが、すぐには増やせないのならば、まずはコストカットから始め、次に、収入を増やす方法はないかどうかを徹底的に考えます。

収入を増やす方法としては、「売れる商品を伸《の》ばし、売れない商品は切っていく」ということが基本です。

会社が潰《つぶ》れる原因は、基本的には見栄なので、「どこで見栄が発生して、無理をしているか」ということを徹底的に考えることが必要です。

社長も、見栄を捨《す》て、物事《ものごと》を質素《しっそ》に考えるようにしなければいけません。見栄があると、目が曇《くも》ってくるのです。

トータルで自分自身を客観視《きゃっかんし》する

これまで述《の》べてきたように、中年男性の自殺の原因の多くは、「仕事で行《ゆ》き詰《づ》まる」「病気になる」「お金に困《こま》る」ということにあります。

そして、自殺を防《ふせ》ぐには、最後は本人がトータルで自分自身を客観視《きゃっかんし》しなければいけません。

経営者が自殺する場合、プライドが捨てられなくて自殺することが多いのですが、プライドを捨て、適当《てきとう》なところで会社を閉《し》めなくてはならない場合だってあるのです。

また、「自分には経営能力がない」と見切ったならば、経営能力のある人のところで給料を貰《もら》うことに変えたほうがよいのです。そうしたほうが安全です。

経営能力がないのに「社長になりたい」と考えている人は大勢《おおぜい》います。そういう人は、実際に経営能力がある人の何倍もいますが、経営者になっても、やがては淘汰《とうた》されてしまうのです。

病気になる場合も、やはり無理が原因でしょう。お酒の飲みすぎとか、深夜の活動とか、何らかの無理によって病気になるのでしょう。これも、やはり能力を超《こ》えた活動が原因なので、自分の能力を客観的に把握《はあく》することが大事です。

それから、家族とのコミュニケーションの問題は難《むずか》しいことですが、家族の協力があることも実力のうちなのです。したがって、自分の実力だけではなく、家族の実力も見極《みきわ》めなくてはなりません。

「自分の家族は、自分に対して、どの程度《ていど》の対応をしてくれるか。どのくらいの理解《りかい》があるか。わが家《や》は、トータルで、どの程度の実力があり、どのくらいのことにまで耐《た》えられるか」ということを考え、何年か前から準備《じゅんび》をしておくことが大切です。

それと、自殺する人には、長期的な考え方のできない人が多いのです。自殺するのは、たいてい、短期的な考え方の人、短距離走型《たんきょりそうがた》の人です。

そういう人は、物事を長期的に考え、一時期、撤退《てったい》することも考えなくてはなりません。「身を引く」「我慢《がまん》する」「臥薪嘗胆《がしんしょうたん》（苦しい試練《しれん》、屈辱《くつじょく》への忍耐《にんたい》）の時期を過ごす」、そういうことに努力したほうがよいと思います。

自殺すると、ろくなことにならない

自殺について、総《そう》じて言えることは、次のようなことです。

自殺する人は、プライドで死ぬ場合がほとんどであり、最後は「苦しみから逃《に》げたい」という衝動《しょうどう》で死ぬ場合が多いのですが、あの世のことがよく分かっていないから、そういうことをするのです。

私が『大悟《たいご》の法《ほう》』で述べたとおり、自殺者が天国に行くことは極《きわ》めてまれであって、地獄《じごく》、もしくは地獄以前の段階《だんかい》にいることが多いのです。自殺者のなかには、自分が死んだことが分からずに、地上の人と同じように生活している人や、地縛霊《じばくれい》となって、自分が死んだ場所に漂《ただよ》っている人が数多くいます。

したがって、「自殺すると、ろくなことにならない」ということを、しっかり教えることが必要なのです。

最後に、以上で述べたこと以外の、自殺の一般的要因《いっぱんてきよういん》としては、対人関係に悩む場合がほとんどです。対人関係の悩みは、しっかりとした信仰《しんこう》を持ち、良質の宗教書《しゅうきょうしょ》を愛読することで解決します。私の数多くの説法《せっぽう》や著書《ちょしょ》が、必ずお役に立てると信じています。

2 仕事に疲《つか》れたお父さんへの接《せっ》し方

Q

私の父は、自分のことを素晴《すば》らしい人間だと思っているようなのですが、お酒を飲んでは、どなり散らし、他《た》の人の批判《ひはん》ばかりしています。娘《むすめ》である私には、「父は、不幸感覚が強い上に、自己《じこ》の客観視《きゃっかんし》ができていない」と思えます。こういう父に対して、どのように接《せっ》すればよいのでしょうか。

A

挫折《ざせつ》体験で傷《きず》ついたプライド

あなたには、お父さんの姿《すがた》が全部は見えていないようです。何十年も実社会の厳《きび》しさを経験《けいけん》した男性の気持ちが、たぶん分からないのでしょう。それは、男性の社会というものをよく知らないからだと思います。

あなたのお父さんが、なぜそういう振《ふ》る舞《ま》いに出るのか、あなたの質問を聴《き》いただけで、私にはだいたい分かります。私だけではなく、ある程度《ていど》の社会経験を持った男性であれば、たぶん分かるだろうと思います。

彼《かれ》には、かなりの挫折《ざせつ》体験があるのです。もともとプライドの高い人なのでしょうが、そのプライドがそうとう傷《きず》ついているのです。間違《まちが》いありません。

あなたのお父さんは、仕事で、不本意《ふほんい》な扱《あつか》いを受けたり、不本意な結果に終わったりしたことが、おそらく何度かあるはずです。

プライドがあり、自信《じしん》もある人が、挫折などによってプライドを傷つけられた場合、一般的《いっぱんてき》な症状《しょうじょう》として、「その傷口《きずぐち》を埋《う》めないと、どうしても気が済《す》まない」ということがあります。しかも、その傷口を他《た》の人には気づかれたくないのです。

そうすると、現《あらわ》れ方は幾《いく》つかありますが、最《もっと》も典型的《てんけいてき》なのは、「他の人の悪口を言う」「環境《かんきょう》を批判《ひはん》する」など、攻撃的《こうげきてき》になることです。それによって、プライドを守ろうとするのです。これが最も多いパターンです。他の人を批判することで自分の傷口をカバーしようと思ってしまうわけです。

ほんとうは自分の問題だと知ってはいても、それに目を向《む》けたくない、あるいは、それを他の人から指摘《してき》されたくないのです。そうすると、批判癖《へき》が出てくるようになるのです。

あなたのお父さんがお酒を飲むのは、「自分をごまかしたい」という気持ちが強いからです。酒飲みというのは、たいてい、理性を麻痺《まひ》させたいのであり、「現実から逃《に》げたい」という気持ちが強いことだけは、間違いないのです。

「現実から逃げたい。現実を直視《ちょくし》したくない」ということです。その現実とは、おそらく、惨《みじ》めな自己像《じこぞう》だと思います。それから逃《のが》れたくて、お酒の世界に入るのです。

お父さんの素晴《すば》らしさを信じてあげる

そういう人に自分の傷口を客観視《きゃっかんし》させるのは、必ずしもよいことではありません。逆《ぎゃく》に、よい部分をほめるほうが効果的《こうかてき》だと思います。

プライドの傷ついた男性は、手負《てお》いのライオンのようなところがあり、極《きわ》めて危険《きけん》なので、その部分をどこかでカバーしてあげたほうがよいのです。

あとは、そっとしておいてあげることです。批判がましいことは口にせず、何を言われても、「やがて台風《たいふう》は過《す》ぎ去《さ》っていくのだ」と思って、受け流していくほうがよいと思います。

それは、ごく一般的な症状なのです。しかも、そういう人のなかには、優秀《ゆうしゅう》な人も多いのです。何も感じないような人は、あまり大《たい》したことはありません。

お酒を飲んで暴《あば》れたり、他の人の悪口を言ったりして、一時的《いちじてき》には、人柄《ひとがら》がものすごく悪いように見えたとしても、本来はかなり優秀な人であることも多いのです。そういう人だからこそ、苦しみ、悶《もだ》えるのです。

ただ、その苦しさや悔《くや》しさを、よい方向に持っていければよいのですが、悪いほうに向《む》かうと、自暴自棄《じぼうじき》の人生になってしまいます。そうならないためには、周《まわ》りの人たちによる配慮《はいりょ》が大事です。

このときに大切なのは愛の強さです。お父さんを〝信仰《しんこう》〟することです。お父さんは、ほんとうは素晴《すば》らしいはずです。そう思ってあげなければいけません。

男性は社会経験によって変わっていくことがかなりありますが、女性の場合は、家庭環境《かんきょう》などによって二十歳《はたち》までに形成されたものを、そのあとの経験や教育によって変えていくのは、なかなか大変です。

そのように、女性は親の影響《えいきょう》を強く受けて育つので、「娘《むすめ》は非常に立派《りっぱ》だが、親は全然だめ」ということは、あまりありません。あなたが素晴らしい女性なのであれば、あなたの両親もそうなのだろうと推定《すいてい》できます。

お父さんの素晴らしい部分を、もっとよく見てあげてください。

3 体を壊《こわ》したご主人への思いやり

Q

私の主人は、現在、ある会社の営業部長をしています。年齢《ねんれい》は五十代前半です。

主人は、仕事の面では恵《めぐ》まれているのですが、数年前から、腰痛《ようつう》や湿疹《しっしん》など、さまざまな症状《しょうじょう》が体に現《あらわ》れるようになりました。二度、腫瘍《しゅよう》の手術《しゅじゅつ》もしました。また、糖尿病性網膜症《とうにょうびょうせいもうまくしょう》のため、視力《しりょく》も極端《きょくたん》に低下してきています。医者からは「普通《ふつう》の人なら会社を辞《や》めているでしょう」とも言われています。

こういう主人に対して、私がすべきことは何でしょうか。

A

営業系統《けいとう》の人の病気は〝名誉《めいよ》の負傷《ふしょう》〟

営業系統《けいとう》の仕事は神経を非常にすり減《へ》らすため、そういう仕事の人は、たいてい体を悪くします。どのような病気になるかは人それぞれですが、ストレスが何らかの病気になって現《あらわ》れてくるのです。

営業では、付き合いの面でも無理がかかります。お酒の付き合いもあるでしょうし、ゴルフなど、休日の接待《せったい》もあるでしょう。

営業部長になるような人は、どこかで必ず無理をしています。特《とく》に課長《かちょう》から部長になる四十代で、かなり無理をしているはずです。

したがって、営業で第一線を駆《か》け昇《のぼ》ってきた人であるならば、体にガタが来るのは当然だと思います。むしろ、〝名誉《めいよ》の負傷《ふしょう》〟だと思うべきかもしれません。

そうならないためには、早々《はやばや》と出世《しゅっせ》を諦《あきら》めなくてはならないでしょう。

会社の仕事はほんとうに大変なのです。「できるものなら、会社を辞《や》めてしまいたい」と思うこともあるでしょう。しかし、なかなか、そうはいかないものです。

ご主人の苦労《くろう》を理解《りかい》し、家庭をくつろぎの場に

あなたのご主人は、これまで、かなり無理をしてきており、疲労《ひろう》とストレスの蓄積《ちくせき》によって体が傷《いた》んでいるのです。

したがって、あなたがご主人にすべきことは、まず、「体を悪くしてまで、よく頑張《がんば》った」という点を認《みと》めてあげることだと思います。

そして、ご主人に一日でも長く働いてもらうためには、家庭をくつろぎの場にし、ご主人のストレスを取ってあげることが必要です。

また、ご主人がなるべく休養を取れるようにしてあげることです。

ご主人は、仕事熱心で一途《いちず》な人でしょうから、本来なら休まなければいけないところで休みを取らず、無理をしているはずです。しかし、人間には無理の利《き》く限界《げんかい》があるので、ご主人が無理をしすぎる前に休ませなくてはなりません。そうするのが賢《かしこ》い奥《おく》さんです。

ご主人を見ていて、「そろそろ危《あぶ》ない」と思ったならば、早めにブレーキをかけ、強制的《きょうせいてき》に休ませることが大事です。

あなたは、これまで苦労《くろう》し、傷ついてきたご主人の心を楽にしてあげなくてはなりません。押《お》し付けがましく、いろいろと言っても、ご主人は反発するだけです。そうではなく、「どうすれば夫《おっと》のストレスが抜《ぬ》けるか」ということを考えてください。

体を休めたならば、ご主人はよくなっていくと思いますが、ご主人の体があまりにも悪いようであれば、その仕事にピリオドを打ち、もっと楽な仕事に変わったほうがよいかもしれません。

基本的《きほんてき》には体にガタが来ているのです。したがって、単に治療《ちりょう》だけで治《なお》るものではないでしょう。

しかし、あなたが、「夫は、長いあいだ、無理をしてきたのだ」ということを知り、ご主人を理解《りかい》してあげれば、それだけで病気が治ることもあります。

さらに、宗教的《しゅうきょうてき》には、反省や瞑想《めいそう》、祈《いの》りなどの修法《しゅうほう》が有効《ゆうこう》です。これについては、近くの幸福の科学の支部や精舎《しょうじゃ》をお気軽に訪《たず》ねてみてください。「病気平癒《へいゆ》祈願《きがん》」などもあります。

4

不遇《ふぐう》な時期の過《す》ごし方

Q

自分自身が悲しみや苦しみのなかにあって、「自分は欠点の多い人間だ」と思うと、リーダーとして他《た》の人を感化《かんか》していく自信《じしん》が出てきません。どうすればよいのでしょうか。

A　悲しみから生《しょう》じる、謙《けん》虚《きょ》さと優《やさ》しさ

悲しみや苦しみについて、「それは地獄《じごく》的《てき》な思いであり、天国的なものではない」という考え方もあります。日本神道系《にほんしんとうけい》は、その傾向《けいこう》が強いようです。しかし、もう一つの側面《そくめん》を見落としてはなりません。悲しみや苦しみには、「人格を練《ね》る」という効用《こうよう》もあるのです。

深い悲しみを味わったことのある人には、次の二つの点において、大いなるプラスが生《しょう》じてきます。

一つは、「謙《けん》虚《きょ》さを知る」ということです。鼻《はな》っ柱《ぱしら》を折《お》られ、プライドが傷《きず》ついたとき、その悲しみを通《とお》して、謙虚さというものを真《しん》に学ぶことができるのです。

もう一つは、「他《た》の人に対して優《やさ》しくなる」ということです。相手の気持ちが実感できないと、その人に対する優しさが、なかなか出てこないものです。

特《とく》に、環境《かんきょう》に恵《めぐ》まれ、順調に生きてきた人は、他の人に対して厳《きび》しくなりがちです。また、言葉も荒《あら》くなります。相手に対し、「なぜこんなことができないのか」などと言うこともあります。

しかし、深い悲しみを実体験すると、人を許《ゆる》す範囲《はんい》が広がります。「人が悲しんでいる姿《すがた》とは、どのようなものか」ということが、切々《せつせつ》と胸《むね》に迫《せま》るように分かるからです。それは、深い悲しみを味わったことがある人だけの実感でしょう。

悲しみを経験《けいけん》した人には、独特《どくとく》の優しさがあります。それは一つの光です。「悲しみの底《そこ》を打ち破《やぶ》ったとき、光が出てくる」という言葉もありますが、それは、このことを言っているのだと思います。

人と接《せっ》するときの優しい眼差《まなざ》しや、「相手の成長を待ってあげられる」という気持ちは、大きな悲しみを通過《つうか》した人に特有《とくゆう》のものです。

人を許せないでいる人は、「自分は大きな悲しみや挫折《ざせつ》を経験したことがないのではないか」と思う必要があるでしょう。

苦しみが魂《たましい》を鍛《きた》え、器《うつわ》を大きくする

悲しみに似《に》たものとして、苦しみがあります。この二つは双子《ふたご》の兄弟のようなものです。

苦しみにもプラスの面があります。それは、「魂《たましい》の足腰《あしこし》を鍛《きた》える」ということです。

苦しみがないと、魂の進化に停滞《ていたい》が生《しょう》じてしまいます。順調なだけの一生を過《す》ごしても、よく練《ね》れた人格にはならないものです。

苦しみによって魂が鍛えられると、それは人格の広さとなって表れてきます。人格に幅《はば》が出てくるのです。人格の幅とは、許容《きょよう》する量のことです。いろいろな苦しみを経験することは、その人の器《うつわ》を大きくする上で役に立つのです。

悲しみや苦しみを、単に否定的《ひていてき》なものと見るのではなく、「そのなかにも真理への芽生《めば》えがある」と捉《とら》えるべきです。悲しみや苦しみによって、人間を理解《りかい》できる範囲《はんい》が広がるのです。

他《た》の人の感情のひだが分かる人間に

人間が大成《たいせい》するための条件《じょうけん》として、昔《むかし》からよく挙《あ》げられるものに、貧乏《びんぼう》、失業、左遷《させん》、失恋《しつれん》、離婚《りこん》、病気などがあります。受験《じゅけん》の挫折《ざせつ》、浪人《ろうにん》、留年《りゅうねん》、人間関係の失敗《しっぱい》、事業の失敗などもそうでしょう。

そういうことを経験すると、しだいにネクラになっていく面もありますが、それを通《とお》り抜《ぬ》けた人には、いぶし銀のような、独特《どくとく》の光が出てきます。

そのような人の場合、他《た》の人の感情のひだが手触《てざわ》りで分かります。そのため、相手に対する見方や接《せっ》し方そのものが、その人への許しとなることがあります。

触《さわ》られると痛《いた》い傷口《きずぐち》が、誰《だれ》の心にもあるものです。しかし、一度も失敗したことのない人は、他の人の心の傷口を見つけると、そこに錐《きり》を差し込《こ》むようなことを平気でします。その人を言葉や行為《こうい》で傷つけるのです。

失敗し、苦しみのなかに置《お》かれたことのある人は、傷口に錐を差し込まれたときの痛さがよく分かるのですが、失敗の経験がない人は、他人の失敗や欠点を見いだすと、そこを錐で突《つ》いてしまうのです。なかには、相手に徹底的《てっていてき》なダメージを与《あた》えるところまでやりたくなる人もいます。

自分自身が一つの葛藤《かっとう》のなかにあって、まだ苦しみきっていないときには、他の人の欠点などを責《せ》めると、すっきりして、「水面から少し首を出し、息《いき》ができた」というような気持ちになることがあります。

これをやらないと気が済《す》まない人もたくさんいると思いますが、これは最低《さいてい》のレベルの喜びです。人を批判《ひはん》したり、こき下ろしたりして味わえる喜びは、喜びのレベルとしては最低なのです。

「他の人の欠点を指摘《してき》すると、自分の苦しみがすっきりする」というのは、まだ生半可《なまはんか》な苦しみ方です。真《しん》の苦しみのなかにあって、自分というものの真実を見つめていくと、他の人の欠点を指摘して気分がすっとしているくらいでは済まなくなります。もっと磨《みが》かれます。そうなると、優《やさ》しさが出てくるのです。

要するに、人を責める言葉が出るときには、自分がまだ充分《じゅうぶん》に練《ね》れておらず、ほんとうの悲しみや苦しみを知っていないということなのです。

人生の底《そこ》を通過《つうか》した人は、優しくなり、他の人の傷口に錐《きり》を差し込むようなことはできなくなります。自分の傷口のなかをえぐられた経験のある人は、他の人の傷口に錐を差し込むことができないのです。

これも許しの一つです。許しというのは、欠点に対するもののことだけではないのです。

悲しみや苦しみを通過すると、許しの幅《はば》が広がってきます。これも悲しみや苦しみの効用《こうよう》と言えるでしょう。

「愛の泉《いずみ》」をあふれさせよ

人間というものは、やはり隠《かく》せないところがあります。「愛の泉《いずみ》」から水が滾《こん》滾《こん》とわいている人のところには、いろいろな人が「貰《もら》い水《みず》」に来ます。一方、その人のところに行くと、傷口を錐《きり》で刺《さ》されそうな人のそばには、人々が寄《よ》ってきません。

その点を見れば、自分がどちらのタイプかが分かります。数多くの人から相談を受ける人は、愛の泉から水がたくさんわいてきているのですが、人々が寄ってこない人は、愛の泉が涸《か》れているのです。

「自分の欠点に気が付くと、他の人を積極的《せっきょくてき》に感化《かんか》することができない」と思うかもしれませんが、それに対しては、「自然にあふれてくるをもって、よしとせよ」ということなのです。

努力して悟《さと》りを深めていけば、その過程《かてい》で、自然に愛の泉がにじみ出てきます。その証拠《しょうこ》として、「桃李《とうり》もの言わざれども下《した》おのずから蹊《けい》（みち）を成《な》す」という言葉のように、徳《とく》を求めて人々が集まってくるのです。

自分が、裁《さば》く目で人を見ていると、人々は、「欠点を指摘《してき》されそうだ。怒《おこ》られそうだ」と思い、寄ってきませんが、自分の周《まわ》りに優《やさ》しい雰囲気《ふんいき》が漂《ただよ》ってくると、人々が自然に集まってきます。不思議《ふしぎ》なものです。その点では、誰もが〝霊能《れいのう》者《しゃ》〟なのです。

商売でも同じでしょう。いつも不景気《ふけいき》そうな人のところには、お客さんが寄ってきません。しかし、いつも春風のような雰囲気の人のところには、お客さんがたくさん集まってくるのです。

したがって、他人に対する感化を考える前に、まず自分の内《うち》なる井戸《いど》を掘《ほ》ることです。その井戸から水があふれてくれば、周りに自然と羊《ひつじ》が群《むら》がり、水を飲むようになります。そのときに、牧童《ぼくどう》のごとく、羊を導《みちび》けばよいのです。

ところが、羊を羽交《はが》い締《じ》めにしてでも無理に導こうとすると、いつのまにか、自分が狼《おおかみ》になっていることがよくあります。力ずくで押《お》さえに行ったのでは、羊は「狼だ」と思い、逃《に》げてしまうのです。

そうではなく、水を自然にあふれさせていくことが大事です。それによって、羊が寄ってくると、それが実績《じっせき》となり、自信がついてくるのです。

5 試練《しれん》を乗り越《こ》えて成長するには

Q

人生には、いろいろな試練《しれん》があります。それに対して、どのような心構《こころがま》えで立ち向《む》かっていけばよいのでしょうか。

A

試練《しれん》に感謝《かんしゃ》する気持ちを

確《たし》かに、人生には心の揺《ゆ》れる時期が何度もあります。しかし、この世は魂修《たましいしゅ》行《ぎょう》の場であり、魂を鍛《きた》えるために、いろいろな出来事《できごと》が起きるのです。

したがって、悩《なや》みの時期には、まず、「いまは自分が成長しているときなのだ。いま、自分には、成長するための試練《しれん》が与《あた》えられているのだ」と考え、そのことに感謝《かんしゃ》してください。

そういう試練が与えられたこと、解決《かいけつ》しがたいような問題が現《あらわ》れたことに対して、まず、感謝の気持ちを持っていただきたいのです。

仏《ほとけ》は、背負《せお》いきれない問題は与《あた》えない

仏《ほとけ》は、その人が背負《せお》いきれないような問題は与《あた》えません。そういう重荷《おもに》は背負わせないのです。昔《むかし》からそうです。

本人は「背負いきれない難題《なんだい》だ」と思うものであっても、仏の眼《め》から見ると、その人にちょうどよいぐらいの問題なのです。

このことを、荷物《にもつ》を背負って歩いている人にたとえてみましょう。

本来、その人はもっと重い荷物を背負えるのですが、実際には、重い荷物を避《さ》け、軽い荷物しか背負っていません。

ところが、やがて、もう一つ荷物を載《の》せられてしまいます。その人は「これでは潰《つぶ》れてしまう」と思うのですが、潰れそうで潰れず、「大丈夫《だいじょうぶ》だ」ということに気付きます。

なおも歩いていると、また一つ荷物を載せられ、「今度こそ、だめだ」と思うのですが、今度も潰れません。

結局、その人は、「自分には重い荷物は背負えないと思っていたが、そうではなかった。実は自分が怠《なま》けていただけだった」ということを知るのです。

こういうことは仕事においてもあります。人間のほうは、仕事が増《ふ》えると悩《なや》むのですが、仏のほうは、「その程度《ていど》の仕事で何を言っているのか。まだ大丈夫だ」と思っているわけです。

したがって、「自分には少し無理ではないか」と思うような場合であっても、「いや、これは、仏が期待《きたい》してくださっているだけの仕事を、自分がまだしていないだけなのではないか。これは解決できるのではないか」と思っていただきたいのです。

成長すれば難題《なんだい》が小さく見える

以前は、「自分には、とても解決できない」と思えた問題が、自分が成長することによって、もはや小さな問題にすぎなくなり、悩む必要のないものになる場合があります。

たとえば、急速に発展《はってん》している会社の社員などは、「こんなに発展したら、とてもじゃないが対応できない。この発展の速さには、ついていけない」と思うことがあります。

しかし、よく努力して、従来《じゅうらい》よりも多くの仕事をこなせるようになると、「ついていけないと思ったのは甘《あま》えだった。自分で勝手にパニックに陥《おちい》っていただけだった」と感じるようになります。

このように、自分が勝手に「大きな問題だ」という幻想《げんそう》を抱《いだ》いているだけの場合もあるのです。

したがって、「いまの自分には解決できなくとも、一年後の自分にはできるはずだ。では、一年後の自分をいまに持ってきたならば、どうなるか」ということを考えてみてください。おそらく、そこに答えがあるはずです。

すなわち、自分の未来像《みらいぞう》、成長した自分の姿《すがた》を想定《そうてい》し、それを先取《さきど》りして、現在に引っ張《ぱ》ってくるのです。そうすると、もっと力強い自分になれるでしょう。それを実践《じっせん》してみることです。

難題《なんだい》に無我夢中《むがむちゅう》で取り組んでいるうちに、「気が付いてみると解決していた」ということもあります。そして、「あんな難題が自分に解決できたのは不思議《ふしぎ》だ」と思うのですが、しばらくすると、解決できて当たり前になるのです。

第2章

夫婦《ふうふ》の幸福へのヒント

For the Husband and Wife

1 やる気のない夫《おっと》のために妻《つま》がすべきこと

Q

私は数年前に結婚《けっこん》し、二人の子供《こども》がいますが、夫《おっと》は長く仕事をしておらず、最近は精神病《せいしんびょう》のようになっています。このような夫を立ち直らせる方法を教えてください。

A

強い女性の潜在意識《せんざい》にあるもの

家族を養《やしな》う責任《せきにん》は基本的《きほんてき》には男性にあります。したがって、生計《せいけい》を立てられない男性には、原則《げんそく》として、結婚《けっこん》して妻《つま》や子供《こども》を持つ資格《しかく》はないのです。男性というものは、責任ある自覚を持っていなければならないと思います。

あなたのご主人は、そういう自覚をきっちりと持っていないのではないでしょうか。あなたはご主人の自覚の甘《あま》さをどう思っているのか知りませんが、私には、あなたのなかに、そういう男性に惹《ひ》かれる部分、あるいは、「そういう男性でないと自己《じこ》実現できない」というような潜在意識《せんざい》があるように見えます。

不思議《ふしぎ》なことに、強い女性や自立《じりつ》した女性は、えてして、影《かげ》の薄《うす》い男性と一緒《いっしょ》になることがあります。いるのかいないのか分からない、クラゲのような男性のところには、ウーマンパワーのあることが多いのです。

女性のなかには、女傑《じょけつ》タイプというか、「男性を食べさせてやりたい」というような気持ちを持っている、エネルギー豊富《ほうふ》な女性が一割《わり》ぐらいいます。そういう女性は、表面意識では、「なぜ夫はこんなにだらしがないのか」と思うのですが、潜在意識では、「だからこそ、私の生きがいがある」と思っていることがよくあるのです。

あなたは自分が潜在意識で何を考えているのかを知る必要があります。

夫婦《ふうふ》が競《きそ》い合っていないか

あなたの夫がそうなっている原因は、実はあなた自身のなかにあるかもしれません。

女性のなかには、本人は気が付いていないのですが、女性に生まれたことを潜在意識で憎《にく》み、「男に生まれたらよかった」と思っている人がいます。そういう女性は、結婚すると、無意識のうちに夫を打ち倒《たお》してしまうことがあります。特《とく》に、夫婦《ふうふ》が競《きそ》い合った場合は、妻《つま》が夫をノックアウトしてしまうことがあるのです。それが、夫がいろいろな失敗《しっぱい》をする原因になることはよくあります。

たとえば、夫より妻のほうが頭がよい場合、そういうことがよく起きます。また、妻のほうが家柄《いえがら》がよい場合や、資産家《しさんか》の娘《むすめ》と貧乏《びんぼう》な男性が結婚した場合、妻が容姿端麗《ようしたんれい》である場合などもそうです。

奥《おく》さんが美人で、ご主人はどこにでもいるような顔の人である場合、奥さんのほうには、非常に損《そん》をしたような感覚があります。「こんな男に〝ダイヤモンド〟を与《あた》えてしまった。ああ、もったいない」というような思いがあるのです。

このように、奥さんが、自己イメージとして、「私のほうが主人よりも値打《ねう》ちが高い」と思っている場合は、よくご主人が〝脱走現象《だっそうげんしょう》〟を起こします。家を飛び出してみたり、浮気《うわき》をしてみたり、失業してみたりするのです。

そこには、「ご主人が愛情を欲《ほっ》している」という面もありますが、もう一つ、「ご主人は、男性の優位《ゆうい》を確立《かくりつ》したいのに、それができないため、登校拒否《きょひ》をする子供のように、家族に迷惑《めいわく》をかけるかたちで、マイナスの自己実現をしている」という面もあるのです。

あなたは「自分自身にも問題はある」と自戒《じかい》しなければいけません。そして、そもそもの結婚のところから、自分をよく振《ふ》り返ってみることです。

そのあとは、あなたが理想とする方向へご主人が変化していくように願《ねが》うことが大切です。

表面意識でそう思っても、潜在意識では夫を打ち倒しているようではだめです。表面意識と潜在意識とを一致《いっち》させ、「主人にこうなってほしい」と心の底《そこ》から思い、その実現を祈《いの》ることです。

光を強め、宗教的境地《しゅうきょうてききょうち》を深める

そして、あなた自身が、毎日の生活《せいかつ》のなかで、優《やさ》しい心、愛に満ちた心を持てるように変わっていかなくてはなりません。

おそらく、ご主人には、悪霊《あくれい》の憑依《ひょうい》という霊的《れいてき》な影響《えいきょう》もあると思います。

しかし、夫や妻、子供など、家族に憑依霊が憑《つ》いている場合、それは愛情で解《かい》消《しょう》できるのです。家庭内の光が強くなると、そういうものは消えていきます。家族のなかに悪霊が忍《しの》び込《こ》んでいるのであれば、まだまだ光の足《た》りない面があるのです。

まず、優しい言葉、愛の言葉を出す訓練《くんれん》をしてみてください。次に、第三者の目で正しく見る訓練をしてみてください。八正道《はっしょうどう》の本来の順序《じゅんじょ》とは異《こと》なりますが、「正語《しょうご》」「正見《しょうけん》」を実践《じっせん》すると、かなり変わってくると思います。

あとは、あなたが宗教的境地《しゅうきょうてききょうち》をいかに深めるかということです。ある意味で、ご主人はあなたを磨《みが》いてくれる砥石《といし》です。あなたの宗教的境地を磨いてくれているのです。その部分については、感謝《かんしゃ》の心を持たなくてはいけません。

人間は修行《しゅぎょう》をするために生まれてきているので、この世では、各人に何らかの課題《かだい》があります。人によって、いろいろな問題集がありますが、いま、あなたには、そういう問題が与えられたのです。そして、それをどのように解《と》くかが、あなたの実力になるのです。

他《た》の人と同じ問題は自分には当たりません。自分の問題と真正面《ましょうめん》から取り組むことが大事です。あなたの問題を他の人は解決《かいけつ》してくれません。精進《しょうじん》してください。必ず道は開《ひら》けるはずです。

2 家庭内での暴力《ぼうりょく》の原因と対処法《たいしょほう》

Q

夫婦間《ふうふかん》の暴力《ぼうりょく》、いわゆるドメスティック・バイオレンスや、親から子供《こども》への暴力など、家庭内での暴力について、その原因と対処法《たいしょほう》を教えてください。

A　家族間のストレスの連鎖《れんさ》

いまは、社会環境《かんきょう》が低迷《ていめい》しているので、いろいろなかたちでストレスが出てきます。

男性であれば、職場でうまく自己《じこ》実現ができない時代に入っています。ところが、お父さんが会社で、どのようなことで失敗《しっぱい》したり、どのようなことで怒《おこ》られたりしているかということは、家族には分かりません。そもそも、お父さんが会社で何をしているのか、家族には、さっぱり分からないのです。また、いまでは給料は銀行振込《ふりこみ》になっていて、お父さんが給料を家に持ってくることはないので、お父さんは居候《いそうろう》のような感じになったりしています。

そして、最近は残業もあまりないため、家に早く帰ってきては、家族に暴力《ぼうりょく》を振《ふ》るっているという人もいるかもしれません。そういう人には何かストレスがあるのでしょう。逆《ぎゃく》に残業続きで八つ当たりする人もいるはずです。

それから、お母さんのほうも、副収入が欲《ほ》しくて、なかなか専業主婦《せんぎょうしゅふ》というわけにはいかなくなっています。パートではなく、本格的《ほんかくてき》に職業を持っている人も数多くいます。

しかし、人間の能力には、ある程度《ていど》、限《かぎ》りがあるので、何かの仕事で月給を稼《かせ》ぎながら、専業主婦のようにうまく家のなかをこなすのは、やはり難《むずか》しいのです。その分、疲《つか》れるため、何かと感情的にぶれが生《しょう》じます。

このように、ご主人のほうは、会社など、家の外でうまくいっていないことが多く、奥《おく》さんのほうも、副収入をあげるために働いていたりするので、疲れることが多いのです。

それでは、子供《こども》のほうはどうかというと、家庭が荒《あ》れている子供の場合もあれば、学校が荒れている子供の場合もあります。

家庭の荒れている子供が、学校へ来て、暴力を振るったり、暴《あば》れたり、他《た》の子供をいじめたりして、学校をかき回しているケースが、けっこう多いらしいのです。いじめをする子供の家庭を調べてみると、両親が離婚《りこん》の危機《きき》にあったりすることもあります。そういう状況《じょうきょう》に耐《た》えられないので、学校で暴れているわけです。

そのように、一つの不幸が次々と飛び火して、悪いことが連鎖反応的《れんさはんのうてき》に生《しょう》じることがあります。あちらでもこちらでも次々と煤煙《ばいえん》が出ているような状況になっているのです。

外部に頼《たよ》るのをやめ、内部から変えていく

これからの時代においては、外側《そとがわ》の環境の好転《こうてん》への期待《きたい》は、むなしいかもしれません。

昔《むかし》のように、会社のなかが常《つね》にバラ色になることはないでしょうし、楽な仕事で奥さんが高収入を得《え》ることもないでしょう。

また、子供にとっても、「通《かよ》っている学校が非常によい学校で、そこにいれば、どんどん進学でき、理想的な就職《しゅうしょく》ができる」という時代ではなくなったのです。そういう意味での閉塞感《へいそくかん》は、すべての人にあるでしょう。

つまり、外部のものに頼《たよ》ってもしかたがないので、内部のほうから変えていくしかありません。心の内《うち》から変えていくしかないのです。

平静心《へいせいしん》や忍耐力《にんたいりょく》を持ち、高次《こうじ》なものを求める

心の内から変えるときに、大切なことは何でしょうか。

夫婦間《ふうふかん》や親子間の暴力といっても、結局、当事者がそれを悪いと思っていないだろうと思うのです。

また、そういう暴力には、一つの〝効用《こうよう》〟として、「ストレスの発散になる」ということもあるのです。外での暴力だと問題が起きますが、家のなかでは、ある程度、家族が我慢《がまん》してくれるのです。そのように、「ストレスの発散」という意味での〝効用〟はあります。

しかし、これは、家庭のなかに、そういう方法以外の手段《しゅだん》でストレスを抜《ぬ》けるだけの器《うつわ》が、もうなくなっているということなのです。

家庭のなかは、ある程度、ストレスを発散できて、外での疲れなどをいやす場でなければいけないのですが、いまは、家庭のなかにストレスがたまりすぎて、それができない状態《じょうたい》になっているということでしょう。

家族の誰《だれ》かからストレスを貰《もら》った人も、そのままではたまりませんから、誰かにやり返すということになります。まるで家族がストレスの投げ合いをしているような状況であり、傷《きず》が深くなります。

したがって、まず、平静心《へいせいしん》や忍耐力《にんたいりょく》を持つことが大事です。そして、仏法真理《ぶっぽうしんり》に関心を持ち、心のなかで、もっと高次《こうじ》なもの、高級なものを求めることによって、この世の低級な争《あらそ》い事《ごと》や悩《なや》みなどを、できるだけ消し込《こ》んでいく努力をすることが必要なのです。

これは一種の置《お》き換《か》えです。要するに、人間の心は二つのことを同時には思えないのです。

これは、ある意味において、ありがたいことです。たとえば、躁鬱病《そううつびょう》であっても、躁《そう》と鬱《うつ》は同時には来ないで、必ず交代して来ます。それと同じように、人間の心は二つのことを同時には思えないのです。

「一つのことしか思えない。千手観音《せんじゅかんのん》のように、いろいろなことを同時に行《おこな》うことはできない」というのは、人間の限界《げんかい》ではあります。しかし、「一つのことしか考えられない」ということが、人間にとっては逆《ぎゃく》に救《すく》いになることがあります。何かに打ち込んだり、何かで気を紛《まぎ》らしたりすれば、ほかのことを考えなくて済《す》むことがあるのです。

したがって、「より高次なものに思いを向《む》けていく」ということが大事です。

家庭に喜びを見いだす

今後は、外部の価値観《かちかん》、外部の尺度《しゃくど》での出世《しゅっせ》や成功が、かなり厳《きび》しくなってくるので、もう少し、家庭の内《うち》に喜びを見いだす工夫《くふう》をしたほうがよいでしょう。

これからの、リストラやデフレの時代は、よい面では家庭回帰《かいき》の時代だと思うのです。

残業をしても残業手当はあまり出ないし、飲み屋に行くとお金がかかるので、みな家に早く帰ってきます。

家庭回帰の時代であり、ちょっと、つましいけれども、何十年か前に返ったような感じになるので、少し別《べつ》な価値観を持ってもよいと思うのです。

「家族で、これまでやらなかったようなことをする」ということでもよいでしょう。十年も二十年もやっていないようなことで、できるだけお金のかからない楽しみを考えればよいのです。

たとえば、新婚《しんこん》当時は、「よく二人で喫茶店《きっさてん》に行った」「よく二人で散歩をした」「ときどき花を買ってきて飾《かざ》った」など、さりげない行為《こうい》がいろいろあったと思います。そういうことは、結婚《けっこん》して十年や二十年たつと、もう忘《わす》れているでしょう。そのような、なるべくお金のかからない、懐《なつ》かしい趣味《しゅみ》や遊びを、再《ふたた》び実践《じっせん》してみるのです。

また、子供がいるのであれば、「これまでは仕事が忙《いそが》しくてなおざりにしていた、子供に関する些細《ささい》なことに価値を見いだす」ということもあります。

仕事が忙しかったときには、子供の運動会を見に行けなかったお父さんは多いでしょう。しかし、「会社のなかで閑職《かんしょく》に就《つ》き、いつでも家へ帰れるぐらい暇《ひま》になっている」というような場合であれば、そこは開《ひら》き直って、家族との交流を深めることです。

子供の運動会へ行くなり、子供の作品の展覧会《てんらんかい》を観《み》に行くなり、あるいは、子供の勉強を見てあげるなり、これまでしていなかったようなことをすることができるのです。

心のゆとりを

これからの時代においては、少し価値観の転換《てんかん》をしなくてはなりません。これは、単なる諦《あきら》めではなく、「内に入りながら、少しずつ力をためていき、また盛《も》り返すときを待つ」ということです。

いまは、心のゆとりを見いだす時期です。これまでは、そういう心のゆとりはなかったでしょう。

学校は、週休二日を進めて、子供をなるべく家に置こうとしています。「先生も休みが欲《ほ》しい」ということも、その理由でしょう。これについては、「学力が下がるのではないか」という不安もあります。

ただ、土日に親子が一緒《いっしょ》にいること自体は悪いことではないのです。週休二日になれば、親子でいろいろな所へ行くこともできます。仕事の付き合いのゴルフもなくなり、子供も土曜日に家にいるということになれば、親子で幸福の科学の精舎《しょうじゃ》に行くこともできます。そういう楽しみも出てくるのです。

そのように価値観のシフトをしなければいけません。これまでは見なかったようなものを見ることも大切なのです。

努力して道が開《ひら》けるのもよいのですが、努力しても道が開けない場合には、多少、老荘的《ろうそうてき》な思想も大事です。

仏教にも少し隠遁的《いんとんてき》な面（俗世間《ぞくせけん》を逃《のが》れた生活《せいかつ》をすること）があるので、それを充分《じゅうぶん》に生かせばよいでしょう。

暴力は、よいことではありませんが、原因はまず心にあるので、その部分を見直す必要があります。

足《た》ることを知る

それから、「足《た》ることを知る」ということが大事です。

今後は、会社も個人も、これまでのように猛《もう》スピードでいろいろなものを実現するということはできません。給料もあまり上がらないし、減点《げんてん》主義で評価《ひょうか》されることも多くなります。

したがって、足ることを知り、低いレベルでも喜びを見いだす努力をしなければいけません。

「職業があるだけでも、ありがたいではないか」「子供が学校に行けるだけでも、ありがたいではないか」「成績は悪いが、塾《じゅく》に通《かよ》えるだけでも、ありがたいではないか」というような考え方が大事です。

倒産《とうさん》した会社の社員の家庭では、子供を塾から引き上げています。ある証券《しょうけん》会社が潰《つぶ》れたときには、塾の先生が、「今月は○○証券の子ばかりが×人やめました」と言っていました。父親に仕事がなくなったら、子供は塾をやめなければいけないのです。

たとえ子供の成績は下位だったとしても、まだ子供を塾に通わせる余裕《よゆう》が家にあるだけでも、ありがたいのです。

その余裕もなかったとしても、学級崩壊《ほうかい》を起こしつつも、まだ学校が運営されているだけでも、ありがたいではないですか。子供を学校に預《あず》けているあいだは親が働けるのも、ありがたいではないですか。

要求水準《すいじゅん》を少し下げ、これまであまり見なかった部分に光を当てて、喜びを見いだすことが大事です。

ストレス解消《かいしょう》は家族としての義務《ぎむ》でもあります。したがって、「これまでとは少し目先を変え、新しい気持ちになれるようなことを体験してみませんか」ということです。なるべくお金がかからないようなもので、そちらのほうに持っていくと、よい効果《こうか》が得《え》られるかもしれません。

欲望《よくぼう》を抑《おさ》え、原点に戻《もど》る

学校のいじめっ子も、家庭でのストレスが原因である場合があります。また、子供をいじめている父親だって、何も原因がなくて暴《あば》れたりするわけはないのです。奥さんだって、同じです。

そういう意味では、みんながかわいそうな時代なのですが、欲望《よくぼう》の部分を少し抑《おさ》え、原点に戻《もど》ることが大事です。暴力はそれで止まります。

新婚の時代には、何もなくても幸福だったのです。そういう時代に返り、要求のレベルを下げて、いろいろなものがあることのありがたさを考えればよいのです。

苦しんでいる場合、その理由はほとんど欲《よく》にあります。「これまでの流れから行けば、こういう欲望を膨《ふく》らませることができたのに、それができなくなった」ということで苦しんでいるのです。

しかし、仏教の基本《きほん》に返れば、もともと、そういう欲望を持たなくてよいのです。そういう欲望を持たなくても、幸福に生きられるようにしたいものです。そう考えてみてください。

逆に、リストラで人員が減《へ》って忙しくなっているなら、当会の経営者研修《けんしゅう》で仕事能力向上を目指《めざ》すことを勧《すす》めます。経営面での悟《さと》りが必要でしょう。

3 離《り》婚《こん》を乗り越《こ》える方法

Q

私は離《り》婚《こん》の経《けい》験《けん》があり、現在は独《どく》身《しん》です。「人間は、この世に生まれてくるとき、ある程《てい》度《ど》の人生計画を立ててくる」と聞いていますが、離婚も計画してくるのでしょうか。

また、私は再《さい》婚《こん》を望《のぞ》んでいますが、そのためには何が必要でしょうか。

A

結婚《けっこん》も離婚《りこん》も「自己責任《じこせきにん》の原則《げんそく》」による

まず、「この世に生まれてくるときに、離婚《りこん》も計画してくるのか」という点についてですが、そうである人もいます。その場合は、何か目的があって、離婚を計画しています。

たとえば、離婚には、仏法真理《ぶっぽうしんり》に目覚《めざ》めるための方便《ほうべん》としての意味合いがあることもあります。すべてが順調にいっており、人生に満足していると、なかなか目覚めないものなので、倒産《とうさん》や病気、離婚、身内の死、あるいは身内に難病《なんびょう》・奇《き》病《びょう》を持った人がいることなど、何か、きっかけの要《い》ることが多いのです。

このように、仏法真理の活動に大きな使命《しめい》のある人などが、「人生の途中《とちゅう》で一つや二つは挫折《ざせつ》を経験し、その結果、仏法真理に心が向《む》く」ということを計画してきている場合があります。

もう一つ、「離婚を計画していたわけではないのに、結婚《けっこん》が破綻《はたん》（破《やぶ》れほころびること）した」という場合もあります。現在、こういうケースはかなり多いと言えます。

この地上の世界は、原則《げんそく》として、各人の自由意志、裁量《さいりょう》に任《まか》されているため、本人が「こうだ」と思い込《こ》んだ場合には、守護霊《しゅごれい》であっても変えられません。これは一つの法則《ほうそく》です。

この地上での生き方によって、来世《らいせ》の行き場所が変わるわけですから、もし、「自己責任《じこせきにん》の原則」がなく、守護霊や指導霊《しどうれい》の力の差だけによって人生が決まってしまうのであれば、人生は不合理です。

結局、自己責任の原則があり、結婚も離婚も、最終的には本人の自由意志で決められるようになっているのです。そのため、結果が悪く出た場合には、それ相《そう》応《おう》の償《つぐな》いをしなければいけない責任が生《しょう》じます。

徹底的《てっていてき》に自己《じこ》反省をし、相手の幸福を祈《いの》る

離婚をする人が、男女の問題のカルマ（業《ごう》）を卒業できていないのは事実です。おそらく、過去《かこ》の転生《てんしょう》においても、いろいろと問題をつくってきたはずです。

そのようなカルマを卒業するためには、まず、離婚に至《いた》るまでの自分の心や行動の歴史を振《ふ》り返ってみる必要があります。離婚をきっかけにして、自己反省を徹底的《てっていてき》にやってみるのです。

自分の影響力《えいきょうりょく》が及《およ》ぶ領域《りょういき》のなかで、自分の不都合《ふつごう》によって起きたことについては、反省することが最《もっと》も大切です。それが次なるステップ（段階《だんかい》）への一歩《いっぽ》になります。

また、離婚した相手に対しては、憎《にく》む心を捨《す》て、許《ゆる》すことです。相手の第二の

人生が幸せであるように祈《いの》ってあげることです。

離婚した相手への恨《うら》み心《ごころ》を持っていると、あなたは、いつまでたっても道が開《ひら》けません。また、その念《ねん》が相手の再婚《さいこん》の邪魔《じゃま》をすることもあります。

相手に対して、「私を不幸にしたのだから、あの人には幸福になる権利はない」と思うかもしれませんが、世の中は善悪だけで割《わ》り切れるものではなく、たとえ善人同士の結婚であっても、取り合わせによって不幸になる場合もあるのです。

あなたと結婚してうまくいかなかった人も、別《べつ》の人と結婚すればうまくいくこともあります。そうなると、相手は救《すく》われるのです。したがって、相手の幸福を祈ってあげてください。

再《さい》婚《こん》するために必要なこと

最後に、「再婚《さいこん》するためには何が必要か」ということですが、まず、先ほども述《の》べたように、過去《かこ》の自分についての反省が必要です。

そして、自分の守護霊が、「この人は再婚したほうが活躍《かつやく》できる」と判断《はんだん》すれば、次の相手を紹介《しょうかい》してくれます。そういう相手は存在《そんざい》するのです。

人間は、この世に生まれてくるとき、天上界《てんじょうかい》で夫婦《ふうふ》の約束《やくそく》をし、第一候補《こうほ》を決めてきていますが、たいていは、ほかにも四、五人ぐらい、自分と結婚の縁《えん》のある人が地上にいて、A、B、C、D、Eといった順序《じゅんじょ》もあるのです。そのなかで、まだ結婚していない人がいれば、守護霊はその人と急速に近付けてくれます。

また、結婚の縁はなくても、過去世《かこぜ》で一緒《いっしょ》に仏法真理の勉強をしたり、一緒に仕事をしたりした縁のある人がいます。天上界の応援《おうえん》があれば、そういう縁が必要に応じて結婚縁に転じ、その結果、天上界で約束をしていなくても、結婚生活《せいかつ》に入ることがあります。そのようなことは幾《いく》らでもあるのです。

したがって、あなたは、もっと心を輝《かがや》かせ、光に満ち、希望を持って生きることです。光っていれば、人は寄《よ》ってくるものであり、再婚の可能性《かのうせい》は充分《じゅうぶん》にあると思います。

あとは守護霊にお任《まか》せすればよいでしょう。自分で、「一年以内」「半年以内」「三カ月以内」などと期限《きげん》を決めると、執着《しゅうちゃく》になって苦しくなるので、「いちばんよいときに、私にふさわしい人が現《あらわ》れますように」と守護霊にお願《ねが》いし、精進《しょうじん》を続けていればよいのです。

あまり自分をいじめず、やるべきことをきちんとやりながら、待っていてください。そのうち、「この人だ」とひらめく機会《きかい》がきっと訪《おとず》れるでしょう。そのときに、積極的《せっきょくてき》な前向《まえむ》きの行動をとってください。女性にとっても、決断の勇気は美徳《びとく》です。男性なら、なおさらのことです。私も応援《おうえん》しています。

4 熟年《じゅくねん》離婚《りこん》の危機《きき》を防《ふせ》ぐには

Q

「子育てが終わると離婚《りこん》してしまう熟年夫婦《じゅくねんふうふ》が増《ふ》えている」と言われています。熟年夫婦に訪《おとず》れる離婚の危機《きき》を防《ふせ》ぐための方法について教えてください。

A　熟年離婚《じゅくねんりこん》は、夫《おっと》が仕事熱心だった夫婦《ふうふ》に多い

熟年《じゅくねん》での離婚《りこん》は、たいてい、女性のほうに選択権《せんたくけん》があるらしいのですが、夫《おっと》が仕事熱心で、夜の九時までに家に帰ることの少ないタイプである場合が多いようです。

夜遅《おそ》く家に帰ってきて、食事はお茶漬《ちゃづ》けぐらいでよく、また、朝食もパンぐらいでよい人、「朝はトースト、夜はお茶漬けだけでよい」というような人が、勤《きん》務先《むさき》を退職《たいしょく》して、毎日、家にいるようになったら、どうなるかというと、奥《おく》さんのほうは、だいたい、ストレスがたまってくるのです。

そのように、「仕事の関係で日中《にっちゅう》は家にいなかったご主人が、退職して、家にずっといるようになり、粗大《そだい》ゴミ化《か》する」という問題があります。

「子供《こども》が百パーセント」ではいけない

それから、奥さんが、子供《こども》のほうにばかり情熱を注《そそ》ぎ、「子供が百パーセント」という状態《じょうたい》であり、「夫のほうは月給だけ持って帰ってくれればよい」というスタイルであると、「子育てが終わったときに、夫婦《ふうふ》のあいだで、お互《たが》いを結《むす》び付けるものがなくなる」ということがあります。

それを避《さ》けるためには、どうしたらよいでしょうか。

子供を育てる過程《かてい》で、子供の占《し》めるウエート（重要度）がすごく重くなるときは、どうしてもあるとは思うのですが、子供が百パーセントになってしまってはいけません。「子供が百パーセント」という状態はだめです。

奥さんは、新婚《しんこん》時代には、おそらく「夫が百パーセント」という状態でしょうが、最初の子供ができると、それが変わってきます。その際《さい》、子供にどれだけエネルギーを向《む》けるかによって、奥さんが夫と子供に向けるエネルギーのシェア（割合《わりあい》）が決まるのです。

子供のほうのシェアが大きくなるケースには、その子供が育てにくい子供であって、手がかかる場合と、奥さんの能力が低いために、「とにかく子育てが大変だ」ということになって、夫の面倒《めんどう》を見られなくなる場合とがあります。また、子供の人数によってもシェアに違《ちが》いが出てきます。

子育ての期間中は、奥さんが子供に割《さ》くエネルギーが増《ふ》えていくのは当然なのですが、どのくらいまでエネルギーを向けるかということについては、一定のところで見切りをつけなくてはならないと思います。「子供が百パーセント」ということでは、やはり、やりすぎでしょう。

どの程度《ていど》、子供にシェアを割《さ》くか

どの程度《ていど》までなら、子供にエネルギーを注《そそ》いでもよいのかということは、その子供にもよるでしょう。大人になって家を出ていき、それで、もう親から独立《どくりつ》する子供もいれば、大人になってからも、仕事の関係で親とのつながりを持ちつづける子供もいます。

たとえば、親が開業医で、「子供に病院を継《つ》いでほしい」と思っている場合、「とにかく、子供を医学部に入れなくてはならない」ということで、奥さんが、ご主人をほったらかしにして、子供と一緒《いっしょ》に東京へ出て暮《く》らしていることもあります。東京のほうが学校も塾《じゅく》もよいので、奥さんと子供だけが東京に出ていると いう、〝逆単身赴任《ぎゃくたんしんふにん》〟もあるのです。

一方、ご主人のほうは、栃木《とちぎ》県や群馬《ぐんま》県などの地方にいて、仕事の暇《ひま》なとき、たまに東京へ行くわけです。

こういうケースもあって、「気の毒《どく》だな」とは思います。ここまで行くと、子供のウエートはかなり重くて、「子供が百パーセント」に近付くでしょう。

このように、子供の職業選択《せんたく》にもよりますが、「どの程度、子供にシェアを割《さ》くか」という問題があるのです。

夫婦の接点《せってん》を増《ふ》やしていく

熟年離婚をせず、夫婦が老後を一緒に過《す》ごすためには、奥さんが、子育ての過程で、子供に百パーセントのエネルギーを注ぐのではなく、ご主人のほうにも、ある程度のシェアを割かなくてはなりません。

それまで、「子供が百パーセントで、夫はゼロ」という状態であったのに、子育てが終わった段階《だんかい》で、突如《とつじょ》、「夫が百パーセント」ということになったら、奥さんのほうが、それに耐《た》えられないのは、当然のことかもしれません。

したがって、子供が生まれる前の、「夫が百パーセント」という状態が復活してくることに備《そな》えて、ある程度、その拠《よ》り所《どころ》を残しておかなくてはいけないわけです。

たとえば、一週間のうちの特定の曜日の日に、夫婦で共通の趣味《しゅみ》の時間を持つなどして、夫婦の対話の機会《きかい》を設《もう》けるのです。

ご主人が、いつも帰りが遅く、休日はゴルフばかりして、会社の人とだけ会っているようであれば、最後は熟年離婚まで行くこともあります。そうならないために、ご主人も、毎週ゴルフをするのではなく、月に二回ぐらいは休むなりして、夫婦の対話の時間を持ち、意図的《いとてき》に夫婦の接点《せってん》をつくっていかなくてはなりません。

だんだん子供に手がかからなくなるにつれて、夫婦で互いに努力し、接点を少しずつ増《ふ》やしていって、「夫はゼロ」が、ある日突然、「夫が百パーセント」にならないようにすることが大事です。

退職後《たいしょくご》の生きがいを早めに育てておく

老後に夫婦が離婚する場合、ご主人には、仕事人間で、「仕事を取ったら何も残らない。会社の仕事がなくなったら、もう何もない」というタイプの人が多いのです。ここに、ちょっと問題があります。

したがって、ご主人のほうは、会社の仕事がなくなったあとにも自分に生きがいが残るようなものを、早めに育てておく必要があります。

五十歳《さい》ぐらいになったら、六十歳以降《いこう》のことを考えなければいけません。「会社を退職《たいしょく》したら、自分は何をするか」ということを考え、老後の生きがいのために教育投資《とうし》などをしていくことが必要です。「年を取ったら、これをしよう」というものを持っておくわけです。

生きがいを持って何かをやっている男性は、それなりに輝《かがや》いているので、よいのです。

老後についての設計《せっけい》を

なかには、逆《ぎゃく》に、「奥さんのほうが外で働いていて、ご主人は家にいる」という夫婦もあるでしょうが、この場合も、老後に不満は出るのかもしれません。

ただ、熟年離婚の危機《きき》を防《ふせ》ぐには、基本的《きほんてき》には、前述《ぜんじゅつ》したような、戦略的《せんりゃくてき》な考え方が必要だと思います。すなわち、「『子供が百パーセント』にはしない。子供のシェアがだんだん減《へ》ってきたときに、夫婦の絆《きずな》を少しずつ深くしていく。努力して、夫婦の対話などの時間をつくる。ご主人は、定年退職後の生きがいを、早めに種《たね》まきをして育てておく」ということが大事なのです。

趣味など、夫婦で共通するものがあればよいのですが、そうでない場合、老後は、ちょっと厳《きび》しいでしょう。ご主人が、ずっと会社に入《い》り浸《びた》りで、休日も仕事関係の人とゴルフばかりやっていた場合、奥さんにゴルフの趣味でもなければ、老後は難《むずか》しいと思います。

したがって、やはり、「老後についての設計《せっけい》が要《い》る」ということです。

第3章

子供《こども》の幸福へのヒント

For the Children

1 真《しん》の英才教育とは

Q

現在、幼児《ようじ》への英才教育が、たいへん、はやっていて、「三歳《さい》までに脳《のう》の八十パーセントができ上がる」という話も聞きました。私には一歳半の子供《こども》がいるので、どうしたらよいか迷《まよ》っています。頭のよい子に育てるためには、どのように教育していけばよいのでしょうか。

A

親が勉強好《ず》きになること

一歳半《いっさいはん》ぐらいだと、本人の自助《じじょ》努力の可能性《かのうせい》はまだほとんどありませんが、子供《こども》の頭脳《ずのう》そのものは、本人の魂《たましい》の傾向性《けいこうせい》に合わせて、だんだん、でき上がってきます。したがって、「魂が頭脳をどの方向に引っ張《ぱ》っているか」ということが非常に重要です。

一歳半ではまだ少し難《むずか》しいのですが、結局、幼児《ようじ》の頭をよくするための究極的《きゅうきょくてき》な方法は一つしかありません。それは、親が勉強好《ず》きになることです。これを聞くと、たいていの親はがっかりしますが、これは真実なのです。

幼児というのは、まだ、何かを教え込《こ》む教育ができる年齢《ねんれい》ではありません。幼児は大人を観察することによって学ぶのです。幼児にとって、学ぶ相手は親しかいません。そのため、いつも親を観察しています。親の癖《くせ》や傾向性、考え方、言葉などを、けっこう細《こま》かいところまで見ているのです。

したがって、親が、よくない言葉を吐《は》き、怠惰《たいだ》な生活《せいかつ》をしていながら、子供を天才児にしようと思っても、そう簡単《かんたん》にはいきません。可能性としては極《きわ》めて少ないでしょう。

ただ、ごくまれにですが、天上界《てんじょうかい》にいる天才が、自分が天才であることを証明《しょうめい》するために、わざと、そのような親を選《えら》んで生まれてくる場合があります。しかし、そういう天才児は、天から降《ふ》ってくるようなものであり、そのケースはあくまでも例外です。

結局、普通《ふつう》より少しでも頭のよい子に育てたいのであれば、子供の心がまだ素《す》直《なお》な段階《だんかい》で、親が勉強している姿《すがた》を見せつづけることが、いちばん効《き》くのです。

家庭での情緒《じょうちょ》教育の大切さ

小学校に上がると、学校の影響《えいきょう》がかなり出てくるので、学校に上がる前の時期が大事です。

この二、三歳から六歳ぐらいまでのあいだに、子供には情緒《じょうちょ》ができ上がってきます。情緒というのは、思いにおける一つの傾向性と言ってもよいでしょう。

情緒の形成は非常に大切です。これによって、高級なもの、高尚《こうしょう》なものを求める気持ちに傾《かたむ》いたり、あるいは、残忍《ざんにん》な気持ち、冷酷《れいこく》な気持ちに傾いたり、さまざまな傾きができてくるのです。

この情緒は六歳ぐらいまでにでき上がるので、そのあいだに、高尚なもの、高みのあるものに向《む》かうような精神態度《せいしんたいど》をつくることは可能です。こういう情緒教育は極めて大切であり、ここでは親の影響がかなり決定的になります。

したがって、少なくとも両親のどちらかが勉強好きであることが必要です。両方ともだめな場合は、勉強好きのおじいさんを呼《よ》んでくるなどして、そういう人が家のなかに一人でもいるようにしなくてはなりません。

「わりと知的な職業に就《つ》いていた。そして、引退後《いんたいご》も知的生活をしている」というおじいさんがいたりすると、子供への影響はかなり大きいと言えます。

子供が小さいときには、親は、忙《いそが》しいことが多く、勉強時間をあまり取れない場合があります。その場合には、両親のどちらかの実家に知的なおじいさんがいたら、たまには家に来てもらうことです。いない場合には、両親のどちらかが、子供の視線《しせん》を背中《せなか》に感じながら勉強するしかありません。

二、三歳から六歳ぐらいまでの数年間で、このような教育をしておくと、「よく分からないけれども、ああいう雰囲気《ふんいき》はいいなあ」という思いが子供に残ります。そして、その影響がその後《ご》の人生をずっと貫《つらぬ》いていくようになるのです。

ところが、この時期に、両親が、互《たが》いに罵《のの》し合ったり、暴力的《ぼうりょくてき》な姿を見せたり、生き物をいじめるような残忍性《ざんにんせい》を見せたりしすぎると、少しずつ子供の心にひずみが出てきはじめます。

結局、この段階においては、「もの言わずして教育する」というかたちが極めて大切なのです。焦《あせ》って条件反射《じょうけんはんしゃ》教育をやりすぎないことです。

子供は、よい手本を探《さが》している

子供に物心《ものごころ》がつくのは十歳か十一歳ぐらいです。このころからは、ある程度《ていど》、自分の考えで精神態度《たいど》をつくっていくことができます。したがって、理性に訴《うった》えかけて本人を変えていくことができるのは、十歳か十一歳ぐらいからだと思ってください。それまでは親の影響がかなり強いのです。

また、特《とく》に七歳ぐらいから十一歳ぐらいまでは、友達の影響もありますが、学校の先生の影響が大きいので、この時期に、よい先生に出会うか出会わないかは非常に重要です。そのため、学校の先生に恵《めぐ》まれなかった場合には、それに代わる人が必要になります。

そういう人が身内にいなければ、近所に住む大学生のお兄《にい》さんでも、高校生のお姉《ねえ》さんでもかまいません。勉強の好きな大学生や、しつけのきちんとしたお嬢《じょう》さんなどに、ときどき、お茶を飲みに来てもらったり、遊びに来てもらったりなどして、その姿を見せておくことが大切です。

すなわち、よい影響を与《あた》えてくれる人が身近《みぢか》にいればよいのです。できれば、その人の姿を通《とお》して自分の十年ぐらい先が見えるような人がよいでしょう。七歳ぐらいから十一歳ぐらいまでは、このような教育方法が極めて大事です。

要するに、子供は、自分の手本になるものを、一生懸命《いっしょうけんめい》、探《さが》しているのです。よい手本がない場合には、スタートがかなり遅《おく》れてしまうので、子供の手本をつくってあげることを工夫《くふう》してみてください。

幼少時に、高尚《こうしょう》なものを求める精神的傾向性《せいしんてきけいこうせい》を植え付けておくと、あとは、それが発芽《はつが》するようなかたちで、自然にそうなっていきます。

たとえば、親が読書好きで、家に本がたくさんあるような家だと、八割《わり》から九割は子供も読書好きになるものです。ところが、親は週刊誌《しゅうかんし》しか読まないのに、子供にだけ「読書好きになれ」と言っても、なかなか難しいでしょう。かなり成長してから、本人の後天的《こうてんてき》な努力によって読書好きになる場合もありますが、小さいころから、よい環境《かんきょう》にいると、自然にそのようになっていくのです。

したがって、なるべくよい環境をつくっていくことが大事です。

もう一点、付け加えるとすると、幼稚園《ようちえん》・小学校低学年《ていがくねん》時に、指示《しじ》行動を正確にできるようにし、読み・書き・計算で学習訓練《くんれん》の基礎《きそ》をつくっておくことです。知識の量は、小四から増《ふ》やしていくのが適切《てきせつ》です。

2 天分《てんぶん》を伸《の》ばす教育法

Q

子供《こども》の天分《てんぶん》を見極《みきわ》め、伸《の》ばしていく上で、親が心掛《こころが》けるべきことは何でしょうか。

A

素質《そしつ》を生かせる方向に導《みちび》く

子供《こども》にもよるので育て方はいろいろなのですが、一般論《いっぱんろん》を述《の》べると、最《もっと》も注意すべき点は、「親は子供を自分たちの所有物のように思う傾向《けいこう》がある」ということです。親は、これが意外と分かっていないのです。

親は自分たちが子供をつくったような気持ちになりやすいのですが、肉体はそうでも、魂《たましい》はもともと実在界《じつざいかい》にあったものなのです。「親子は別個《べっこ》の人格である」ということを忘《わす》れてはなりません。

そして、「子供は親の意のままにはならない」ということを念頭《ねんとう》に置《お》き、その子の魂の生地《きじ》、傾向性に最も合った育て方をすることが必要です。

「この子をわが家《や》の跡取《あとと》りにする」「この商売を継《つ》がせる」「医者にする」「学者

にする」「画家にする」などと、子供の将来《しょうらい》を親が勝手に決めてはいけません。

親が自分の実現できなかったことを子供に託《たく》す場合もよくありますが、親ができなかったことは、たいてい子供にもできないのです。「お父さんはできなかったが、おまえはやれよ」などと言われると、子供は大変な重圧《じゅうあつ》を感じてしまいます。

子供が成長する過程《かてい》で、親は子供の魂の生地《きじ》を見極《みきわ》めなくてはなりません。十歳《さい》ぐらいから十二歳ぐらいまでのあいだには、「商売に向《む》いているのか。学者肌《がくしゃはだ》なのか。技術者《ぎじゅつしゃ》向きなのか。役人タイプなのか」など、素質《そしつ》がだいたい見えてきます。

十二歳ぐらいまでに素質が見えてこない場合には、可能性《かのうせい》がはっきりするのはもう少しあとになります。この場合には、ゼネラル（一般的）な教育をすればよいのです。

一方、素質が見えてきた場合には、その素質を生かせる方向に導《みちび》いてあげることが大事です。

結局、魂固有《たましいこゆう》の力を信じ、子供が「伸《の》びていきたい」と思っている方向へ最高に伸ばしてあげることが、最大の教育なのです。

親と同じ苦労《くろう》をさせる必要はない

次に述べておきたいのは価値観《かちかん》の問題です。人間が獲得《かくとく》する価値観には、自分にも他人にも共通する大事なものと、自分固有の環境《かんきょう》ででき上がった特殊《とくしゅ》なものの二種類があり、この二つを分けないと間違《まちが》いが起きるのです。

たとえば、どこかの山奥《やまおく》の荒々《あらあら》しい環境のなかで育ち、東京に出て、苦労《くろう》の末《すえ》に事業を大成功させた人がいるとします。やがて、その人に子供ができると、子供は親よりも恵《めぐ》まれた環境のなかで育つことになります。

ところが、それを見た親は、「子供はいまの環境を当然のように考えている。わしがどれほど苦労したか分かっていない」という気持ちになり、自分が経験《けいけん》したのと同じような苦労を、子供にも味わわせようとすることがあるのです。

しかし、これは非常に危険《きけん》です。子供は親とは違《ちが》った時代に生まれ、違った環境で育っているのですから、親は子供が自分とは違った育ち方をすることを認《みと》めなければいけません。「自分と同じように苦労をさせよう」「自分と同じところから出発させよう」と考えてはいけないのです。

子供は親がつくった環境を土台にしているので、親よりも高く上がってしまうのですが、これは親として諦《あきら》めなければならない部分です。子供は親の肩《かた》の上に乗っているようなものであり、出発点が違うのです。むしろ、親は子供が自分より高いところに立つことを誇《ほこ》りとし、それを喜ぶべきなのです。

「光の天使」を育てるには

さて、子供が、高級霊界《こうきゅうれいかい》から生まれてきた「光の天使」である場合の教育法についても述べておきましょう。

光の天使は、「人々に真理を伝え、人々を救済《きゅうさい》し、幸せに導く」という使命を持っています。

したがって、光の天使に対する教育においては、「人間を深く知る」ということを中心とすべきです。小学校や中学校の時代から、魂《たましい》に響《ひび》くような古典や文学などを、できるだけ読ませる必要があります。

そういう人には肥《こ》やしが必要なのです。素質《そしつ》があっても、充分《じゅうぶん》な肥やしが与《あた》えられないと、うまく育たず、育ちが遅《おそ》くなります。

その意味では、親や祖父母《そふぼ》が真理を探究《たんきゅう》して生きていると、子供は非常によい環境で育つことができ、将来《しょうらい》、力を発揮《はっき》できるのです。

中国には、「百年書香《しょこう》の家」（百年間、書物《しょもつ》の香《かお》りが漂《ただよ》っている家）という言葉があり、「そういう家には徳《とく》がある」と言われています。親が本をよく読んでいると、子供もそういう生活《せいかつ》に入りやすいのです。たとえば、物理《ぶつり》学者の湯川秀樹《ゆかわひでき》（一九〇七～一九八一）の一家《いっか》は祖父の代からの学者一家であり、そのような家庭環境があったと言えるでしょう（湯川秀樹自伝『旅人』〔角川文庫〕44～59ページ参照）。

また、光の天使には、過去《かこ》の光の天使たちが行《おこな》ったことを教える必要もあります（大川隆法著『黄金の法』〔幸福の科学出版刊〕参照）。それが基礎《きそ》になって次のステップがあるので、過去の偉人《いじん》たちが書いたり語ったりしたことなどを、幼少《ようしょう》年時《ねんじ》に勉強させておくのです。そうすると、それが素養《そよう》になって、社会に出てから大きく飛躍《ひやく》することが可能となります。

これは極《きわ》めて大事であり、二十歳《はたち》までに、これをやっているのと、やっていないのとでは大違《おおちが》いです。

若《わか》くて比較的《ひかくてき》素直《すなお》な時代に、過去の光の天使たちが書いたものや語ったものを読ませれば、すくすくと育ち、真っすぐに伸びていきます。

これが光の天使に対する教育法です。

最後に、「遊びの効用《こうよう》」についても触《ふ》れておきましょう。教育ママ、教育パパは、勉強させることに熱中《ねっちゅう》しがちです。しかし、幼稚園《ようちえん》や小学校低学年《ていがくねん》、中学年《ちゅうがくねん》までは、同じ年ごろの子供たちと遊ばせることも、総合的《そうごうてき》な知能教育《ちのうきょういく》としては得《え》がたい経験《けいけん》となります。遊びのなかで、子供は、約束事《やくそくごと》を守ること、リーダーとフォロワー（部下《ぶか》）の役割分担《やくわりぶんたん》の違い、創造性《そうぞうせい》などを学ぶのです。

3 人生の基礎《きそ》を教える、学校と家庭のあり方

Q

私は将来《しょうらい》、教師《きょうし》になろうと思っており、学校で子供《こども》たちに人間の正しい生き方を教えていきたいと考えています。そのために、どのようなことをしていけばよいのでしょうか。

A　宗教《しゅうきょう》アレルギーを払拭《ふっしょく》する

第二次世界大戦後の日本には、「学校教育のなかで人間の生き方を教える」ということを軽蔑《けいべつ》する風潮《ふうちょう》があったように思います。それまで一生懸命《いっしょうけんめい》に道徳《どうとく》教育をしてきたのに、戦争に敗《やぶ》れたため、その反動《はんどう》で、「そういう教育には意味がないのだ」という考え方が根強《ねづよ》く続いてきたと思うのです。

しかし、戦後、すでに五十年以上がたちました。日本人は、もう人間性の教育を放棄《ほうき》することはやめ、もっと自信《じしん》を持って、「人間の正しい生き方を追究《ついきゅう》しなければいけない」と言うべきなのです。

いまほど、学校教育のなかに、倫理《りんり》教育、道徳教育が必要なときはありません。しかし、非常に残念なことに、それが片隅《かたすみ》に押《お》しやられているのです。

倫理、道徳の最《もっと》も大きな源泉《げんせん》は宗教《しゅうきょう》です。ところが、日本では、宗教を公教育《こうきょういく》で教えてはならないということが法律《ほうりつ》で定《さだ》められています。

日本国憲法《けんぽう》には、「国及《およ》びその機関は、宗教教育その他《た》いかなる宗教的活動もしてはならない」（二〇条《じょう》三項《こう》）という規定《きてい》があります。また、教育基本法《きほんほう》は、「国及び地方公共団体が設置《せっち》する学校は、特定《とくてい》の宗教のための宗教教育その他宗教的活動をしてはならない」（九条二項）と規定しています。

そのため、公教育のなかで宗教を教えることは非常に難《むずか》しくなっています。

しかし、日本は、この宗教アレルギーのようなものを、もう払拭《ふっしょく》しなければなりません。宗教について、よいものはよい、悪いものは悪いと、自信を持って判《はん》定《てい》することが大事なのです。

「悪いものがあるから、一切《いっさい》かかわらない」ということでは、世の中は何も進歩しません。「よいものを求めよう。よいものをつくろう」と思えばこそ、よいものができるのです。

たとえば、会社を例にとると、成功することもあれば、失敗《しっぱい》して倒産《とうさん》することもあります。しかし、「倒産する場合があるから、会社をつくるのは一切やめましょう」と言っていたら、世の中から会社は消え、その結果、地上の繁栄《はんえい》はなくなってしまいます。

いまの日本は、宗教に関して、それと同じことをやっています。「宗教に基《もと》づいて戦争をし、負けたから、宗教はいけない。もう宗教には触《ふ》れないようにしよう」と考えているのです。これは〝子供《こども》の論理《ろんり》〟です。これを、もう改《あらた》めなければいけないのです。

教師《きょうし》は人生観に高みを

次に、教師《きょうし》のあり方について述《の》べると、あくまでも、教師の人生観に高みがあることが必要です。そうであれば、生徒は、たとえ、それをストレートに教わることはできなくても、目に見えぬ、漏《も》れてくる光に感化《かんか》されることになります。それを大事にしていただきたいのです。

先生の一言《ひとこと》、目の輝《かがや》き、歩き方などは、生徒に〝伝染《でんせん》〟します。生徒は先生のことを実によく見ているのです。したがって、「漏れてくる光で教育する」ということを大切にしてください。

やがては、もっとはっきりしたかたちで宗教的な教育を行《おこな》える時期が必ず来ると思います。

子供を責《せ》めず、まず親が変わる

それから、青少年の非行《ひこう》には悪霊《あくれい》の影響《えいきょう》もそうとうあります。その原因の一つは家庭です。十代の子供に問題が起きる場合は、たいてい、親にも問題があるのです。したがって、まず家庭教育から変えていくことが大事です。子供を責《せ》めずに、まず親から変わっていくべきです。父母会も、「私たち自身に問題がある。子供は親の影《かげ》、その心の影なのだから、子供を責める前に、まず親から変わっていこう」という方針《ほうしん》でやっていくことが大切です。

それから、若《わか》いときには受験《じゅけん》戦争もありますが、受験戦争の悪いところだけを見るのではなく、「人生の基礎《きそ》をつくる時期に、多少、厳《きび》しい教育がある」ということの利点を認《みと》めなければいけないと思います。

あまり甘《あま》やかしてもいけないのです。「やるべきときには、やりなさい。『一生やりなさい』とは言わないのだから、わずか三年ぐらい、しっかり勉強しなさい」と、きちんと言えばよいのです。ただ、無理をさせてはいけません。

子供の情緒《じょうちょ》のところは、家庭のほうからアプローチしていくことが大事だと考えます。

4 親子で直す、非行《ひこう》と登校拒否《きょひ》

Q

小学四年生の娘《むすめ》が家庭内暴力《ぼうりょく》や登校拒否《きょひ》を繰《く》り返しています。何か対策《たいさく》はないでしょうか。

A

親が自分の人生を立て直す

子供《こども》の家庭内暴力《ぼうりょく》や長期の登校拒否《きょひ》が起きるときには、家庭のなかに悪霊《あくれい》が入ってきていると考えて、まず間違《まちが》いありません。

しかも、小さな子供がそうなる場合は、必ず親にも原因があります。親は、「この子を何とか直したい」と一生懸命《いっしょうけんめい》に思っていても、たいていは、子供に影響《えいきょう》しているものと同種類のものが親にも影響していて、霊的《れいてき》な格闘《かくとう》のような状態《じょうたい》になっているはずです。

したがって、子供が小さい場合には、まず親のほうが「自分の人生を立て直そう」と心掛《こころが》けないかぎり、問題を解決《かいけつ》するのは無理だと思います。

こういう問題は、意外と、親が社会的には、そこそこ評価《ひょうか》されていたり、精力《せいりょく》的《てき》に仕事をしていたりする家庭で起こります。親が何か無理をしていると、そのゆがみが子供のほうに来ることも多いのです。

悪霊は、家族のなかで最《もっと》も弱い人のところに来て、問題を起こさせます。たとえば、親を直接には攻撃《こうげき》しにくい場合、子供を攻撃してきます。悪霊は、いちばん弱いところを攻《せ》めてくるのです。

対策《たいさく》としては、光を強くすることに専念《せんねん》する以外にありません。親の光が強くなってくると、子供への霊的な悪影響は弱まり、子供はどんどん直っていきます。そのためには、親が仏法真理《ぶっぽうしんり》を勉強するのが最も効果的《こうかてき》です。そして、「家族全員が力を合わせて、何とかやっていこう」とすることです。

特《とく》に大事なのは、当会が掲《かか》げている「正しき心の探究《たんきゅう》」です。心のあり方が間違っているのですから、家族全員で正しき心の探究を実践《じっせん》していくことが必要なのです。

罪悪感《ざいあくかん》の押《お》し付けに、子供は反発《はんぱつ》する

それから、罪《つみ》の意識が非常に強く、子供にも罪の意識を教えるような、清廉潔《せいれんけっ》白《ぱく》すぎるタイプの親のところにも、反乱《はんらん》を起こす子供がよく出てきます。

この場合は、霊的なものの影響《えいきょう》以前の問題として、子供の魂《たましい》が、親から罪悪《ざいあく》感《かん》を押《お》し付けられることに強く反発《はんぱつ》しているのだと言えます。親の念《ねん》で縛《しば》られ、「こういうことは罪悪なのだ」という、親の価値観《かちかん》を押し付けられることが、子供はたまらなく嫌《いや》なのです。

子供は、「親の態度《たいど》には、おかしなところがある。善人ぶって、外に対しては、いい顔をしているが、ほんとうは、それほど立派《りっぱ》な人ではないはずだ」と思い、罪悪感の押し付けを「不当だ」と感じます。そうすると、子供の心のなかに、「反発したい」という思いがわいてきます。そこに霊的《れいてき》な作用《さよう》が働くことがある

のです。

こういうタイプの親は、「肉体的には親子でも、魂は別《べつ》なのだ」ということを知り、子供に対する縛《しば》りを解《と》かなければなりません。子供を信じて、子供への干《かん》渉《しょう》（口の出しすぎ）を解くことです。

霊的な影響もありますが、たいていの場合、発端《ほったん》（始まり）は、子供に対する親の態度にあります。親が子供に干渉しすぎているのです。

偽《いつわ》りの「与《あた》える愛」に陥《おちい》ってはならない

子供に干渉することで、親が無意識のうちにストレス解消《かいしょう》をやっていることも、よくあります。外にぶつけられないものを子供にぶつけているのです。

たとえば、「お父さんは、こんなに苦労《くろう》している。おまえは、こんな苦労をしないように」と言いつつ、実際には子供に八つ当たりをしている人もいます。

親は、「自分は子供を使ってストレス解消をやっているのではないか」ということも、よく反省する必要があるのです。

また、自分では「『与《あた》える愛』を実践《じっせん》している」と思っていても、実際には、とりもちのような愛で子供を縛《しば》っていることもよくあります。「全部を支配したい」という気持ちで、子供を〝鳥籠《とりかご》〟のなかに入れてしまうのですが、それは「与える愛」ではなく「奪《うば》う愛」なのです。

親というものは、子供がだんだん大人になり、自分から離《はな》れていくのを、目を細めて喜ぶような心境《しんきょう》にならなくてはなりません。

ところが、親が子供を〝おもちゃ〟にしている場合がよくあります。人物としては立派なのに、子供を遊び道具のようにしている親が少なくないのです。

たとえば、親が娘《むすめ》に、「いつも『結婚《けっこん》しなさい』と言っているのに、おまえは、なかなか嫁《よめ》に行かない」と、よく説教《せっきょう》をしているのだけれども、実は親が原因で結婚できないというケースは幾《いく》らでもあります。親は、本心では娘を手放《てばな》したくないので、何だかんだと言って娘を縛り、しかも、自分自身はそれに気付いていていないのです。

このような、偽《いつわ》りの「与える愛」、見せかけの「与える愛」が、親子関係では数多く生《しょう》じます。それに気付くことが大事です。

なお、ご質問の、娘の家庭内暴力や登校拒否ですが、母親が、夫《おっと》である父親を尊敬《そんけい》しないで常日《つねひ》ごろ悪口を言っていたり、自分の家事下手《かじべた》を棚《たな》に上げて夫の浮《うわ》気癖《きぐせ》を責《せ》めているときにも、よく起きます。夫婦間《ふうふかん》の性《せい》の調和を心掛け、夫を立てて、家庭内で主導権《しゅどうけん》を握《にぎ》ってもらうよう、お願《ねが》いしてみてください。

5 ハンディを背負《せお》う子供《こども》たちへ

Q

肉体などに障害《しょうがい》を持っている、ハンディを背負《せお》った子供《こども》や、そういう子供を持つ親に対して、何かアドバイスをお願《ねが》いします。

A 魂《たましい》の勉強のための、いろいろな経験

人生は今世限《こんぜかぎ》りではなく、誰《だれ》もが、この世に何度も生まれ変わってきています。しかも、生まれ変わる際《さい》には、順調な人生ばかりを選《えら》ぶわけにはいきません。それでは魂《たましい》の勉強にならないからです。そのため、ときには、いろいろと極端《きょくたん》な経験《けいけん》もすることになります。

人間は、数多くの転生《てんしょう》のなかで、一回ぐらいは、肉体のどこかが不自由な姿《すがた》で生まれてきます。「人間として普通《ふつう》の姿であることが、どれほど幸福か」ということを知るために、肉体的に不自由な環境《かんきょう》が用意されるのです。

誰もが必ず、どこかで一度はそれを経験します。そして、いま、その段階《だんかい》にある人たちもいるわけです。

もちろん、障害《しょうがい》には、特《とく》に魂《たましい》修行的《しゅぎょうてき》に予定はなかったのに、事故《じこ》や病気などの後天的要因《こうてんてきよういん》によって生《しょう》じるものもあります。しかし、人生計画というものは一直線ではなく、ある程度《ていど》の幅《はば》があり、人間はそのなかで生きていくようになっているのです。

障害《しょうがい》を言《い》い訳《わけ》の材料にしない

何らかの障害《しょうがい》がある人にとっての基本《きほん》は、「障害を言《い》い訳《わけ》の材料にしない」ということです。障害があっても、それをむしろプラスに変えていく生き方が大事です。言い訳のみの人生を生きても、絶対に本人のプラスにはなりません。それだけは間違《まちが》いないのです。

したがって、障害のある子供《こども》には、「あなたは素晴《すば》らしい人生を生きるために選ばれた人なのだよ。マイナスからのスタートになるけれども、逆境《ぎゃっきょう》をバネとして生き、道を切り開《ひら》けば、素晴らしい人生を生きられるのだよ」と教えてあげてください。

アメリカの光明《こうみょう》思想家に、デール・カーネギー（一八八八～一九五五）という人がいます。『道は開ける』『人を動かす』などの著書《ちょしょ》で有名です。

この人は、子供のころ、窓《まど》から飛び下りた際に指輪《ゆびわ》が釘《くぎ》に引っ掛《か》かり、左手の人差し指がちぎれてしまったのだそうです。

しかし、彼《かれ》は後年《こうねん》、次のように述《の》べています。

「私は手の指が一本ないのを悩《なや》んだことはない。指が一本ないという事実に気が付くのは、月に一回あるかないかである」

彼は、前向《まえむ》きに、積極的《せっきょくてき》に仕事をして生きていたので、指が一本ないことなど、ほとんどの時間、忘《わす》れていたのです。

どこか具合《ぐあい》が悪くても、そればかり考えていては、しかたがありません。むしろ、積極的な生き方を展開《てんかい》することに情熱を注《そそ》いだほうが、人生を終わる時点では絶対に得《とく》なのです。

人間は二つのことを同時には考えられません。この特性《とくせい》を使って、「よいほうに、よいほうに」と物事《ものごと》を考えていってください。

スタートラインから進んだ距離《きょり》が測《はか》られる

自分の子供が何かの障害を持っていたとしても、決して落胆《らくたん》してはいけません。「ハンディがあるからこそ、あなたは頑張《がんば》れるのだよ」という話を子供にしてあげてください。

人生は、いろいろなあやがあって、でき上がっているのですから、ハンディのあることが不幸だとは決して言えないのです。

人によってスタートラインが違《ちが》うのは、ある程度、しかたがありません。しかし、どのスタートラインから始めたとしても、そこからどれだけ進んだか、どれだけ頑張ったかが測《はか》られるのです。

ある人は、「五体満足で、頭もよく、大富豪《だいふごう》の家に生まれた」という条件《じょうけん》でスタートし、どこまで進めるかが測られます。また、ある人は、非常な逆境からスタートし、どこまで進めるかが測られます。

いずれにしろ、魂《たましい》にとっては、「これだけ歩いた。これだけ走った」という距離《きょり》が測られるのです。

そう思えば、困難《こんなん》を切り抜《ぬ》けることができると思います。つらいこともあるでしょうが、そういうときのために光明思想もあるのです。

最後に、肉体的には障害《しょうがい》はあっても、霊的《れいてき》には完全であることを忘れないでください。実在界《じつざいかい》に帰天《きてん》したあとは、自由自在《じゆうじざい》です。そのときに、人生の問題集の意味を悟《さと》る人もいるのです。

6 テレビゲームに熱中《ねっちゅう》する子供《こども》への対応

Q

私の息子《むすこ》は中学二年生ですが、小学生のころからテレビゲームが大好《だいす》きで、熱中《ねっちゅう》しています。息子は「ぼくはテレビゲームでストレスを解消《かいしょう》しているんだ」と言っていますが、「テレビゲームは思考力を鈍《にぶ》らせ、勉強に差し障《さわ》りがある」などとも言われており、成長期の息子への影響《えいきょう》が心配です。どのように対応すればよいのでしょうか。

A

しばらく静観《せいかん》する

あなたが自分の子に対して、将来《しょうらい》どのようになってほしいと思っているかによって、対応は違《ちが》ってくるでしょう。「とにかく、子供《こども》には偉《えら》くなってほしい」という思いが強いと、「ああしなさい。こうしなさい」といった感じになるでしょうし、「まあ、『蛙《かえる》の子は蛙』だな」と思えば、それまでかもしれません。この辺は親の問題だと思います。

テレビゲーム自体について言えば、それがブームであることは確《たし》かであり、テレビゲームをやっていないと流行に遅《おく》れ、小学校や中学校では友達と話ができないだろうと思います。しかし、目や頭が疲《つか》れ、勉強に支障《ししょう》は出ます。

たいていの大人は、いまさらテレビゲームなどをやる気はないでしょうし、やったとしてもうまくできず、かえって劣等感《れっとうかん》を感じるかもしれません。しかし、子供たちはそれを上手《じょうず》に操作《そうさ》するのですから、彼《かれ》らは新しい時代の波のなかにいるのです。新世代《しんせだい》の登場を悟《さと》るべきです。

また、子供のころ、テレビゲームに熱中《ねっちゅう》していたとしても、それ以外のところに才能のある人ならば、その才能は必ずどこかで出てきます。才能というものは、チューリップの球根《きゅうこん》のようなところがあり、時期が来ると芽《め》が出ます。そして、黄色いチューリップの芽は黄色い花を、赤いチューリップの芽は赤い花を、必ず咲《さ》かせるようになるのです。

したがって、「いまは、まだ才能が芽吹《めぶ》く時期ではない」と思ったならば、しばらく静観《せいかん》することが大事です。そして、どのような芽が出てくるか、様子を見るのです。

要は、「親子であっても魂《たましい》は別《べつ》である」という観点を忘《わす》れないことです。子供は親の自由にはなりません。その子がどのような魂であるかは、その子自身が知っています。その子が何の球根であるかは、芽が伸《の》び、花が咲けば、明らかに分かることなので、しばらく見つめてみることです。

本来の個性が出てくる前の子供が、ほかの子供たちのあいだで流行していることをするのは、やむをえないと思います。

テレビゲームで遊ぶ年限《ねんげん》を定《さだ》める

結局、大切なのは、あなたが自分の子の才能をどのように見るかということです。「将来、テレビゲーム業界などに進むほうがよい」と思うのであれば、話は違《ちが》いますが、「うちの子は、勉強に打ち込《こ》んで道を開《ひら》いていくタイプだ」と思うならば、テレビゲームで遊ぶ年限《ねんげん》を定《さだ》めることも一つの方法です。

たとえば、「中学生のあいだはテレビゲームをやってもよいけれども、高校に入ったら（あるいは中三の夏には）、テレビゲームをやめて勉強しなさいよ」と、いつも言っておくのです。そうすると、親子であっても一種の契約《けいやく》関係のようなものが生じます。一定の期間だけ許《ゆる》されたことによって、子供の側《がわ》は、「親から譲歩《じょうほ》を受けた」と感じ、「お返しが必要だ」と考えるのです。

その意味では、テレビゲームだけではなく、子供がマンガに夢中《むちゅう》になっている場合も同じでしょう。

たとえば、中学一年でマンガに夢中になっているならば、「中三まではマンガを読んでもよいけれども、高校に入ったらやめなさいよ」と言うのです。あるいは、小学生でマンガに夢中ならば、「小学校を卒業するまでですよ」と言っておいて、二年なり三年なり、自由にしてあげるのです。そうすると、子供はそれを覚《おぼ》えているわけです。

子供があまりにも熱中しているものを急に取り上げると、反動《はんどう》が大きいと思います。また何かほかのことを必ずやりはじめます。しかし、「いまはよいけれども、そのときになったら切り替《か》えなさいよ」という言い方をしてあげると、むげに禁止したのとは違い、ストレートな反発《はんぱつ》は返ってこないものです。このように、切り替え時期を教えてあげることが大事です。

さらに、勉強に見込《みこ》みのある子供なら、一日のうちのゲームやマンガの時間を決めて、勉強は何時間やるか計画させてもよいでしょう。

また、最後は「諦《あきら》める」という手もあります。

どのような花かは別として、咲く時期が来れば花は咲きます。しかし、チューリップに桜《さくら》の花を咲かせようとしても、そうはいきません。最後は子供自身の力を信じるしかないのです。

「親にできるのは水と肥料《ひりょう》を与《あた》えること。世間《せけん》の評価《ひょうか》が光。花そのものを咲かせることはできない」ということを知っておいてください。親がいくら努力しても、子供が別の花に変わったりはしないのです。

結局、一般的《いっぱんてき》には、年限を定めて、「ここまではやってもよいけれども、それから先は切り替えなさいよ」と言っておくのがよいと思います。これが私からの提案《ていあん》です。

ただ、もしかすると、あなたの子供には、テレビゲームなどのコンピュータ関係で非常に才能がある場合もありうるので、一概《いちがい》には言えないところもあります。コンピュータのプログラムを破壊《はかい》する「コンピュータウイルス」が世界的な問題になっていますが、それに対するワクチンのプログラムを、日本の、ある高校生が開発し、会社をつくったところ、急成長して、外国からも引き合いがあったという例もあります。

このように、善悪を断定的《だんていてき》には言えないので、解釈《かいしゃく》の余地《よち》も一部には残しておいてください。

7 正しい生き方をはぐくむ〝心のしつけ〟

Q

子供《こども》に対して、「小さなころから、正しい生き方を教育していきたい」と思っているのですが、なかでも、反省や瞑想《めいそう》、祈《いの》りは、何歳《なんさい》ぐらいから教えればよいのでしょうか。

また、そのような宗教的《しゅうきょうてき》教育を行《おこな》う際《さい》に、親は何を心掛《こころが》けるべきでしょうか。

A

反省は一歳《いっさい》からでもできる

瞑想《めいそう》は、高校生ぐらいになると、ある程度《ていど》できますが、中学生ぐらいまでの子《こ》供《ども》には、ちょっと難《むずか》しい面があります。

反省、瞑想、祈《いの》りのうち、いちばん早く始められるのは反省です。きちんと教えると、早ければ一歳代《いっさいだい》から反省ができます。まだ祈りはできないでしょうが、反省は、一、二歳の子供でも始めることができるのです。

小さな子供に対して、簡単《かんたん》なことから、善《よ》いことと悪いことをはっきり教え、悪いことをしたならば、その場で「ごめんなさい」と言うように教育することは、可能《かのう》だと思います。

最初はその程度です。もう少し大きくなると、もっと複雑《ふくざつ》な反省も可能でしょうが、小さいうちは、何か間違《まちが》ったことをしたときに、その場ですぐ謝《あやま》れるようにすることです。

三歳ぐらいになると、もっとはっきり反省できるようになるでしょう。小学校に入るころには、きちんと反省するようになります。

もっとも、子供に反省を教えるには、親が反省を実践《じっせん》していることが大事です。親のほうができていないと、子供に言うことができません。

まず、親のほうがしっかりして、恥《は》ずかしくない生き方をしていることが大事なのです。

毎日、感謝《かんしゃ》の祈《いの》りをする

祈《いの》りも、わりに早いうちから可能だと思います。幼児《ようじ》といわれるあたり、三、四歳ぐらいから可能でしょう。

祈りは、朝食や夕食の前、夜寝《ね》る前など、一日のなかで必ず巡《めぐ》ってくることのときに行《おこな》えばよいのです。

手を合わせても結構《けっこう》ですし、小さな子供で、手を合わせることができない場合には、そのままでも結構ですが、まず、感謝《かんしゃ》の祈りから入っていくべきです。感謝の祈りは小さな子供でもできます。

朝であれば、「きょうも一日を頂《いただ》きまして、ありがとうございます。きょうも元気いっぱい生きていきます」というように、少し誓《ちか》いに似《に》たかたちの感謝の祈りをするのです。

夕食などのときには、反省も兼《か》ねた祈りがよいでしょう。「きょう一日、健《すこ》やかに過《す》ごさせていただきまして、ありがとうございました。いろいろなことを勉強させていただきました」というように、少し反省も入ったかたちの感謝の祈りをするとよいのです。

小さいうちは、そういうことでよいと思います。

「人々の役に立ちたい」という、愛の心を教える

中学生ぐらいになると、もう少し細《こま》かく、もっと仏法真理《ぶっぽうしんり》に則《そく》した反省や祈りも可能になると思います。

そのころになると、仏法真理などの本を読むことができ、それで、いろいろなことを自分で反省することができます。

祈りにおいては、積極的《せっきょくてき》で建設的なことを祈っていただきたいと思います。やがては社会に巣立《すだ》っていくのですから、「世の中の役に立てる人間になれますように」といったかたちの祈りを、しっかりやっていただきたいのです。中学校や高校の時代に、そういう祈りを、三年、六年と続けると、必ずそうなってきます。

「世の中の役に立ちたい」という気持ちを持っていると、勉強していても、「単

に他《た》の人と競争《きょうそう》するだけの勉強ではなく、世の中に出て、人々の役に立つための勉強なのだ」と思うので、愛の心が芽生《めば》えてきます。この愛の心が非常に大事なのです。

子供が学校で勉強している期間に、親は子供に愛の心を教えなくてはなりません。そのためには、「人間は仏《ほとけ》の子であり、多くの人々のおかげで、いま生きているのだから、大人になったら、お返しの人生が始まるのだ」ということを教えるのです。

子供に対して、「人々の役に立ちたい。多くの人々のためになる生き方をしたい」という気持ちを、十八歳までに教え込《こ》めたならば、親として成功の部類に入ります。これが、最低限《さいていげん》ではありますが、親としての合格ラインなのです。

それからあとは、いろいろと難《むずか》しいことが、ほかにもあるでしょうが、まず、そういうことを中心にやっていただきたいのです。

自分の人生観を易《やさ》しく語れるか

私は、『しあわせってなあに』（全八巻・幸福の科学出版刊）という絵本を出しています。

この絵本は易《やさ》しく書かれていて、幼児から小学校の高学年《こうがくねん》ぐらいまでを対象《たいしょう》とした内容《ないよう》になっていますが、そこで説《と》かれていることは、大人でも実践《じっせん》できていないことが多いのではないかと思います。

子供向《こどもむ》けだと思って軽視《けいし》せずに、まず親のほうがしっかり読んで、理解《りかい》していただきたいと思います。

あの世に還《かえ》ったときに、自分が最低限の悟《さと》りを得《え》ているかどうかは、この絵本に書かれているような言葉で自分の悟りを語れるかどうかにかかっています。抽《ちゅう》象的《しょうてき》なことをたくさん勉強していたとしても、自分の悟り、自分の人生観のようなものを、子供にも分かるようなレベルで易しく語れなければ、ほんとうに分かっているとは言えず、天国にはなかなか入れないのです。

8 非行《ひこう》防止に必要な宗教《しゅうきょう》教育

Q

子供《こども》の非行《ひこう》や犯罪《はんざい》が増加《ぞうか》し、しかも低年齢化《ていねんれいか》しています。そういう子供が、あの世のことも知らず、反省もできぬまま、不幸にも若《わか》くして亡《な》くなった場合、その魂《たましい》はどうなるのでしょうか。

A　天国へ行けない子供《こども》たち

子供《こども》といっても、年齢《ねんれい》はさまざまなので、一概《いちがい》には言えません。

子供に物心《ものごころ》が付く時期は、だいたい十歳《さい》か十一歳ぐらいだと思います。それ以前に、そういう不幸な死に方をした子供の場合は、あの世に還《かえ》ることはなかなか難《むずか》しく、たいていは親にずっとまとわりついています。

そのため、親がその子を諭《さと》して、みごとに成仏《じょうぶつ》させてあげないかぎり、そのまま親と一緒《いっしょ》にいて、親が亡《な》くなったとき、親と共《とも》にあの世へ行くというかたちになるでしょう。

物心が付いてからは、ある程度《ていど》、自己責任《じこせきにん》というものが生《しょう》じてきます。したがって、中学生や高校生あたりで、非行《ひこう》に走ったり、犯罪的《はんざいてき》な行為《こうい》をしたりした子供が、そういう状況《じょうきょう》のなかで亡くなった場合は、自己責任が生じ、作用《さよう》・反作用《はんさよう》の法則《ほうそく》がきちんと働くのです。

その結果、彼《かれ》らは地獄《じごく》という世界に必ず行くことになります。

地獄には、いろいろな所がありますが、彼らが行く所はそう多くありません。地獄界の比較的《ひかくてき》浅い層《そう》のなかに、傷害《しょうがい》、暴力《ぼうりょく》、脅《おど》しなどの犯罪者たちがよく住んでいる、やくざの世界に似《に》た所があります。彼らは、そういう地獄に行くことが多いようです。

それ以外には、性犯罪《せいはんざい》などで、また違《ちが》った所に行く人もいますし、泥棒《どろぼう》などを重《かさ》ねている子供は、いわゆる畜生道《ちくしょうどう》、動物界に行くこともあります。

子供の非行等《とう》の大多数は、情緒障害《じょうちょしょうがい》を起こして、親に暴力を振《ふ》るったり、近所の子供たちとけんかや争《あらそ》いをしたりするというような場合が多いでしょう。そういう子供の心は地獄の阿修羅界《あしゅらかい》に通じています。そこは、「自分が倒《たお》されるか、相手を倒すか」という、恐怖《きょうふ》の連続の世界であり、はっきり言って、正しい生き方に目覚《めざ》める機会《きかい》は、かなり先になります。

非行《ひこう》の原因は宗教《しゅうきょう》教育の欠如《けつじょ》

子供の非行《ひこう》の原因はどこにあるかというと、第一原因は家庭教育にあると見てよいと思います。もっと端的《たんてき》に言うならば、家庭教育のなかで宗教《しゅうきょう》教育が欠《か》けていることです。ここが最大のネック（障害）です。

そして、これを助長するがごとく、文部科学省《もんぶかがくしょう》の教育等においても、宗教や倫《りん》理《り》などを家庭で教えにくいような指導《しどう》をしているように思われます。

また、日本国憲法《けんぽう》には政教分離《せいきょうぶんり》の規定《きてい》があり、「国及《およ》びその機関は、宗教教育その他《た》いかなる宗教的活動もしてはならない」（二〇条《じょう》三項《こう》）と定《さだ》められています。

しかし、それは非常にマイナスの発想です。政治が宗教に口を出し、悲惨《ひさん》な事《じ》態《たい》を招《まね》いたこともありましたが、それは、「最悪の場合はそうなる」ということなのです。

むしろ、過去《かこ》を見ると、大仏《だいぶつ》を建立《こんりゅう》した奈良時代《ならじだい》（八世紀）のように、国が全力を挙《あ》げて宗教世界の応援《おうえん》をしたときに、国家は最高度に発展《はってん》し、栄《さか》えるのです。

家庭教育のなかで信仰《しんこう》を教えていく

国と宗教の関係において、現在は非常に悲しい状況《じょうきょう》にあります。したがって、その改善《かいぜん》にはもう少し時間がかかるでしょうから、まずは、家庭教育のなかで信《しん》仰《こう》を教えていくことが必要です。

そのためには、家族のなかに、少なくとも一人は幸福の科学の会員がいてほしいのです。そして、家族に仏法真理《ぶっぽうしんり》を伝えていただきたいのです。

少年犯罪、青年犯罪のほとんどは情緒障害《じょうちょしょうがい》によるものです。その情緒障害は、「宗教的良心というものを家庭のなかでつくれなかった」ということに起因《きいん》しています。それは、「親に宗教的な素養《そよう》がなかった」ということが非常に大きな原因になっています。

そういう子供たちは、努力すれば救《すく》えるものなのです。ところが、努力せずに放置《ほうち》しているから、そうなっているのです。

まず親が仏法真理を知り、それを子供に伝えていくことが大事だと思います。

第4章

みんなで明るい家庭をつくろう

Creating a Wonderful Family

1 家庭を明るくするには

Q

私の家庭には、主人と三人の子供《こども》、そして主人の母がおります。主人の母は欲《よく》の塊《かたまり》のような人で、私はなかなか母を愛せません。主人はパチンコやマージャンなどが好《す》きで、私はそれを受け入れてはいるのですが、一方では、主人を敬《うやま》えない心もあります。現在、主人は、左半身が神経痛《しんけいつう》で、頭部に痛《いた》みが走ることもあるようです。子供たちのうち、末《すえ》っ子《こ》は少し反抗的《はんこうてき》です。

こうしたなかで、嫁《よめ》であり、妻《つま》であり、母である私には、どのような心掛《こころが》けが必要でしょうか。

A

嫁《よめ》と姑《しゅうとめ》は「切磋琢磨《せっさたくま》」の関係

まず、嫁《よめ》と姑《しゅうとめ》の問題について述《の》べると、大昔《おおむかし》から、嫁と姑の関係には、「女性としての実力を切磋琢磨《せっさたくま》する場」という面があります。

男性は、職場で、「どちらの実力が上か」という競争《きょうそう》をしていますが、女性にも、目に見えない一定の実力があり、嫁と姑はそれを競《きそ》っています。そのため、嫁と姑はうまくいかないことが多いのです。

また、嫁と姑は年代が違《ちが》うので考え方も違い、その意味でも、折《お》り合わない部分があります。

お年寄《としよ》りに来世《らいせ》への希望を

お年寄《としよ》りが「奪《うば》う愛」の傾向《けいこう》になるのは、ある意味では、やむをえないところがあります。お年寄りは子供《こども》にどんどん似《に》てくるのです。

その理由は肉体機能《きのう》の低下にあります。脳《のう》の機能が低下するため、いわゆるぼけが始まったり、わがままになったりします。しだいに三歳児《さいじ》のようになり、「駄々《だだ》をこねる」「人の意見を聴《き》かない」「突然《とつぜん》、何かをしたがる」といったことが起こります。

また、お年寄りは、「自分は老《お》い先《さき》が短く、いつ死ぬか分からない」と思うため、「言いたいことを言っておかなければ損《そん》だ。やりたいことをやっておかなければ損だ」という焦《あせ》りの気持ちから、いろいろと突拍子《とっぴょうし》もない行動をすることもあります。人生の最後の時期に来て、世の中から「用済《ようず》み」とされ、未来《みらい》に自信《じしん》も希望もないのであれば、何かで心を慰《なぐさ》めないと気が済まないのです。

ただ、お年寄りがあまりにもわがままを言うときには、たいてい悪霊《あくれい》の影響《えいきょう》があります。また、お年寄りがぼけた場合には、脳の機能低下だけが原因ではなく、霊障《れいしょう》であることも多いのです。

年を取ると、不安感が強まり、被害妄想《ひがいもうそう》が膨《ふく》らむものですが、「嫁や息子《むすこ》が何もしてくれない」という不満や、「自分が社会から認《みと》められない」という、やるせない思いが募《つの》ると、地獄霊《じごくれい》を引き付けやすい精神構造《せいしんこうぞう》ができ上がるのです。

悪霊の憑依《ひょうい》がなくなり、来世《らいせ》への希望を持つようになれば、お年寄りはかなり違ってきます。したがって、お年寄りは、来世のことをしっかりと知る必要があります。

お年寄りには、「死は、この世の卒業式であり、本来は素晴《すば》らしいものである。あの世へ行くときには〝通知表〟が渡《わた》され、素行《そこう》の部分に『優《ゆう》』が付いていないと、あの世で困《こま》ることになる」ということを教えなくてはならないのです。

この世での魂修行《たましいしゅぎょう》を終え、あの世に移行《いこう》することは、現在の学校を卒業して、上級の学校へ行ったり、社会に巣立《すだ》ったりすることと同じであり、この上なく幸福なことなのです。

あの世へ行くことを恐《おそ》れる必要があるのは、地獄に堕《お》ちる人だけです。仏《ほとけ》の心に基《もと》づいて、やれるだけのことをやり、この世での使命《しめい》をきちんと果《は》たし、あの世についての学習も終わって、「あとは死を待つばかり」というようになった人は、ほんとうは、解放感《かいほうかん》で満たされ、「お迎《むか》えの来る日が待ち遠しくてしかたがない」という心境《しんきょう》でなければいけないのです。

美しく老《お》いるには

人生にはさまざまな時期がありますが、老年期は非常に大事です。若《わか》いときに仕事がよくできて評判《ひょうばん》が高くても、晩年《ばんねん》の生き方が悪ければ、あの世への旅立ちも、悪いことのほうが多いのです。

したがって、晩年を安らかに過《す》ごせるように、若いうちから心掛《こころが》け、美しく老《お》いていくことを常《つね》に考えていなくてはなりません。

基本的《きほんてき》には、しっかりした信仰心《しんこうしん》があって、あの世についての勉強もできていれば、美しく老いることができるはずです。

幸福の科学で、何年、何十年と勉強していけば、年を取って亡《な》くなるころには、おそらく、眼差《まなざ》しが非常に柔《やわ》らかくなり、笑《え》みが絶《た》えなくなります。「この世と別《わか》れる時期が近付いたな」と思うと、周《まわ》りの人たちに優《やさ》しい言葉をかけることもできるようになります。

そして、死ぬときには、自然に息を引き取るかたちで、あの世に行っていただきたいのです。これが最《もっと》も幸福な死に方です。周りの人たちに迷惑《めいわく》をかけずに、すっと行くのがいちばんよいのです。

老年期は、あの世へスムーズに移行するための学習期間です。その意味で、お年寄りには宗教《しゅうきょう》活動が非常に大切です。もちろん、幸福の科学の活動が極楽往生《ごくらくおうじょう》には最も向《む》いています。

したがって、お年寄りにも当会の書籍《しょせき》や布教誌《ふきょうし》などで勉強していただきたいのです。もし目が悪くて文字が苦手《にがて》ならば、カセットやＣＤ、ビデオでもかまいません。当会でしっかり勉強すれば、優秀《ゆうしゅう》な成績で今世《こんぜ》を卒業し、スムーズにあの世へ移行できるでしょう。

家庭内の〝裁判官《さいばんかん》〟になってはならない

次に、あなたのご主人に関してですが、少し霊障気味《れいしょうぎみ》なのではないかと思います。動物霊《どうぶつれい》のうち、蛇《へび》の霊が憑依《ひょうい》していると、頭が締《し》め上げられるように感じたり、頭の痛《いた》みが非常に強く、ズキンと差し込《こ》んでくる感じがしたりします。また、蛇霊《じゃれい》は足に憑《つ》くことも多いのです。

蛇系統《へびけいとう》の動物霊《どうぶつれい》の憑依を受ける人は、朗《ほが》らかさや明るさに欠《か》け、さばさばしたところのないのが特徴《とくちょう》です。「くどい」「うじうじしている」「いろいろなことを考えすぎる」「他人の欠点に目が行く」などといった傾向《けいこう》が非常に強い人は、蛇系統の憑依を受けやすいので、もっとさっぱりした性格になる必要があります。

ただ、それをあなたがあまり口うるさく言うと反発《はんぱつ》を招《まね》きます。そうではなく、まずあなたが変わることです。夫婦《ふうふ》は「合わせ鏡《かがみ》」なのですから、あなたが変われば相手も変わるのです。

それから、お子さんについては、子供には反抗的《はんこうてき》な時期もあるので、「どうすれば被害《ひがい》を最小限《さいしょうげん》にし、プラスの面をつくれるか」ということを考えればよいと思います。

要は、あなたが家族を裁《さば》くかたちにならないようにすることです。あなたが存《そん》在《ざい》することによって、周りの人が、ふわっと幸福になっていくようにしていただきたいのです。あなたが家庭内の〝裁判官《さいばんかん》〟になり、家族を裁いたならば、家族はますます反抗的になります。家族を裁くのではなく、家庭内が、ぐっと盛《も》り上がっていくかたちへ、ふんわりと持っていってください。

家庭から悪霊《あくれい》を追放せよ

家のなかに悪霊《あくれい》がいなくなり、守護霊《しゅごれい》しかいない状態《じょうたい》になると、家庭内には笑《え》みが絶《た》えなくなります。ところが、家に悪霊が入ってくると、とたんに人のことが悪く見え、愚痴《ぐち》や不平不満などが出はじめます。

たとえば、ご主人の守護霊が、にこにこしながらご主人と一緒《いっしょ》にいれば、ご主人には、あなたがとても美人に見えます。ところが、ご主人の守護霊がどこかに行ってしまい、代わりに悪霊が二、三匹憑《びきつ》いていれば、ご主人はあなたに対して、「髪型《かみがた》や服装《ふくそう》が気に入らない。笑《わら》い方も気に入らない。料理の味も気に入らない」と、何もかもが気に入らなくなります。悪霊が憑いていると、色眼鏡《いろめがね》でもかけたようになり、悪いことばかり目につくのです。

したがって、他《た》の人の悪い面ばかりが気になりはじめたならば、悪い言葉を出す前に、「悪霊が来ているな」と思って、ブレーキをかけてください。

悪霊撃退《げきたい》に抜群《ばつぐん》の効果《こうか》があるのは、私の法話《ほうわ》のカセットやＣＤです。それらをかけると、悪霊は逃《に》げ出します。悪霊が来ていそうなときには、私のカセットやＣＤをかけるとよいのです。

たとえば、台所仕事などをしているとき、変にいらいらするようであれば、私のカセットやＣＤをかけながら仕事をしてみてください。夜、妙《みょう》に眠《ねむ》れないときには、それらをかけて寝《ね》るとよいでしょう。

悪霊の憑《つ》いている人に会うと、その悪霊を自分が引き受けてしまうことがありますが、その場合でも、私のカセットやCDを聴《き》けば、悪霊は取れます。

また、私の法話のビデオは、カセットやCDの何倍もの効果があります。お年寄りや子供などで、本を読むことが難《むずか》しい人でも、ビデオを観《み》ることはできます。活字にあまり向《む》かない人には、ビデオがよいでしょう。

それから、幸福の科学の根本経典《こんぽんきょうてん》である『仏説《ぶっせつ》・正心法語《しょうしんほうご》』や『祈願文《きがんもん》①』『祈願文②』の読誦《どくじゅ》も非常に効果がありますし、私の理論書《りろんしょ》を一章ぐらい読むと、光がサーッと入るので、それによって悪霊を取ることもできます。もちろん、当会の精舎《しょうじゃ》や支部《しぶ》などで行《おこな》われる悪霊撃退《げきたい》の祈願等《きがんとう》に参加すれば、効果は絶大《ぜつだい》です。どうか、家庭から悪霊を追放してください。そうすれば家庭は明るくなります。

幸福の科学でしっかり修行《しゅぎょう》していれば、家庭は必ずやユートピアになることでしょう。

2 第二の青春を迎《むか》える秘訣《ひけつ》

Q

お年寄《としよ》りに対して、周《まわ》りの人たちがしてあげられることは何でしょうか。また、お年寄り自身が心掛《こころが》けるべきことは何かということについても教えてください。

A　明るく積極的《せっきょくてき》な言葉をかける

お年寄《としよ》りといっても、置《お》かれた立場によって、いろいろ違《ちが》いがあるでしょうが、「何か一点に絞《しぼ》ってアドバイスを」ということであれば、次の点を述《の》べておきたいと思います。

年を取った人に対して、周《まわ》りの人たちがなすべきことは、「常《つね》に、明るく積極《せっきょく》的《てき》な言葉をかける」ということです。

年を取るにつれて、人間は体が弱ってきます。そうすると、思いが悲観的《ひかんてき》になって、愚痴《ぐち》や不平不満が多くなります。

また、さまざまな経験《けいけん》を積《つ》んできたにもかかわらず、言動《げんどう》がだんだん子供《こども》のようになってきます。これは、やむをえない面もあります。

十年先か二十年先かは分かりませんが、寿命《じゅみょう》はいつか終わります。しかし、大切なのは、「それまでの時間をどう生きることが真《しん》に幸福なのか」ということです。

愚痴を言いつづけた十年と、愚痴を言わなかった十年とを比《くら》べると、十年という点では同じかもしれません。ただ、その十年間における、自分や他《た》の人の喜び、悲しみ、苦しみを見たとき、どちらの十年がよいか、よく考えてみる必要があります。愚痴を言ってみたところで、何もよくはならないのです。

お年寄りは、愚痴や不平不満を言うのではなく、明るく積極的な思いを持つことが大切なのです。適度《てきど》の運動習慣《しゅうかん》が、それを下支《したざさ》えしてくれるでしょう。

「人生、百二十年」と思い、光り輝《かがや》く晩年《ばんねん》を

お年寄りに対して特《とく》に述べておきたいのは、私の著書《ちょしょ》『常勝思考《じょうしょうしこう》』（幸福の科

学出版刊）にも書きましたが、「人生は百二十年である」と思っていただきたいということです。

実際に百二十歳《さい》まで生きる人は少ないでしょうが、「人生、百二十年」と思って生きると、愚痴や不平不満が消えていきます。そして、その途中《とちゅう》の八十歳や九十歳で亡《な》くなったとしても、素晴《すば》らしい人生なのです。

年を取ると、「人生が残り少ない」という不満を言いがちですが、それを言ったところで、人生はよくなりません。むしろ、人生を百二十年と思って、残りの人生を生きることです。

「百二十歳まで生きる」と考えれば、たいていの人は人生がまだ何十年もあります。たとえば六十歳の人であれば、まだ六十年も残っているのです。

そう考えると、これから何をなさねばならないかが逆算《ぎゃくさん》できます。「これから六十年も生きるのならば、こんなところで愚痴を言ってはいられない。自分がやらねばならないことは、たくさんある。これもやらなければいけないし、あれもやらなければいけない」と、今後の計画が立ってきます。そのなかで生きていくのです。

そして、みごとに燃焼《ねんしょう》しながら生きているうちに、あるとき、あの世から〝お迎《むか》え〟が来るでしょう。そのときには、周りの人たちに見送られながら、にっこりと笑《わら》って、きれいに地上を去《さ》っていくのがよいのです。

これが、地上を去ったあとの幸福に必ずつながっていきます。四十歳、五十歳までは素晴らしい人生を生きていても、晩年《ばんねん》が惨《みじ》めだと、死後がよくありません。晩年も素晴らしいものにしていかねばならないのです。

そのためには、積極的、建設的な未来《みらい》を心に描《えが》くことが大切です。その最《もっと》もよい方法は、「百二十歳人生説」を信じて、残りの人生を生きることなのです。

百二十歳人生説は理論的《りろんてき》にも決して嘘《うそ》ではありません。人間の寿命《じゅみょう》を延《の》ばすことは可能《かのう》なのです。

人間が地上を去る理由のほとんどは、地上にいる必要がなくなること、地上にいる存在《そんざい》意義がなくなることです。地上での存在意義がある人の寿命は、延ばそうと思えば延ばすことができるのです。

ところが、たいていの人は五十歳から六十歳で仕事がなくなってしまいます。仕事がなくては、そのあと六十年も生きられません。

したがって、第二、第三の人生を設計《せっけい》しておくことが極《きわ》めて大事です。できれば、それまでとは違《ちが》った人生を開《ひら》いていくのが望《のぞ》ましいと言えます。

たとえば、会社の社長が八十歳以上では困《こま》るでしょうから、ある会社で七十歳や八十歳まで社長として働いたならば、後進《こうしん》の者たちのためにも社長の座《ざ》を譲《ゆず》り、次の人生を始めていくべきです。

そのためには、その時期が来る十年ぐらい前から準備《じゅんび》を始め、違った人生を設計しておくことが必要です。「七十歳になったら、このように生きるぞ」と思い、その準備を六十歳から始めておくのです。あるいは、「八十歳からは、こう生きるぞ」と考え、七十歳から準備しておくのです。

こういう準備をしていくうちに、建設的、積極的な心構《こころがま》えになってきます。また、やらねばならないことがたくさんあるので、時間が惜《お》しくなってきます。このように前向《まえむ》きに生きていると、他《た》の人に愚痴や不平を言っている暇《ひま》がなくなるのです。これは極めて幸福な状態《じょうたい》です。

やはり、晩年《ばんねん》も光り輝《かがや》いた人生にすべきです。そのほうが自分も他人も幸福なのです。

お年寄《としよ》りに生きがいを

以上をまとめると、お年寄《としよ》りに対しては、できるだけ、明るく建設的なことを言う必要があります。また、「『百二十歳まで生きよう』と思って、生きてみてください」と言ってあげることも大切です。

さらには、お年寄りに生きがいを与《あた》えてあげることが必要になります。

お年寄りの場合、生きがいこそすべてであり、生きがいさえあれば、人生はバラ色になるのですが、それがなければ、人生は灰色になるのです。

生きがいという一点に、すべては集約されるので、生きがいを与えてあげることです。そのほかにもいろいろありますが、これが核《かく》です。これなしに、たとえば「反省しなさい」と言ってみても、そう簡単《かんたん》にできるものではありません。

なお、闘病生活《とうびょうせいかつ》を送っているお年寄りは、「和顔愛語《わげんあいご》」が修行《しゅぎょう》の中心です。やわらいだ笑顔《えがお》を絶《た》やさず、親愛《しんあい》の情《じょう》のこもった穏《おだ》やかな言葉を口に出す努力をしてみてください。周りの苦労《くろう》をねぎらってあげると、もっともっと大切にしてくれるでしょう。天国での新しい仕事も楽しみにしてください。

3 心の持ち方と食生活《しょくせいかつ》

Q

「病《やまい》は気から」とよく言われますが、私の周《まわ》りには、栄養のアンバランスを直すことによって健康を取り戻《もど》した人がかなりいます。心の持ち方や食生活《しょくせいかつ》が健康に及《およ》ぼす影響《えいきょう》について、どう考えればよいのでしょうか。

A

心の傾向《けいこう》が食生活《しょくせいかつ》を左右する

食生活《しょくせいかつ》は心と無関係ではありません。

たとえば、なぜ食べ物の好《す》き嫌《きら》いが生《しょう》じるのかというと、根本《こんぽん》は心に原因があります。心に偏《かたよ》りがあると、食べ物の好き嫌いが生じるのです。

何でも食べられる人は、他人に対する寛容《かんよう》さも持っており、どのような人とでも、ある程度《ていど》、親しく接《せっ》することができます。ところが、食べ物の好き嫌いが激《はげ》しい人は、人間に対する好き嫌いも激《はげ》しいのです。

このように、心は食事の内容《ないよう》にも影響《えいきょう》します。一般的《いっぱんてき》に、食生活には心の傾向《けいこう》が出てくるものです。そして、これは個人だけではなく、集団についても言えるのです。

欧米人《おうべいじん》は肉食が中心ですが、彼《かれ》らの魂《たましい》の傾向は非常にアグレッシブ（攻撃的《こうげきてき》）です。これは闘争《とうそう》本能から来ています。闘争本能は肉食を呼《よ》び込《こ》むのです。

一方、日本人は、もともとは非常に温和で、気が長いというか、息の長い生き方をしていました。そして、食生活は菜食《さいしょく》が中心でした。

しかし、現在では日本人の食生活は欧米化し、以前とは食べ物が変わってきています。そうなった原因の一つは、日本人の心が変化したことにあります。

つまり、日本人の食生活だけが欧米化したのではなく、日本人の考え方や生活パターン自体がかなり欧米化しているのです。そして、欧米の食べ物が日本人の体に合うようになってきたのです。

「心のコントロール」と「食生活の改善《かいぜん》」

病気の七割《わり》ぐらいは悪霊《あくれい》の憑依《ひょうい》などの霊的現象《れいてきげんしょう》によるものであり、それは心の持ち方に問題があります。また、それ以外にも、運動不足、栄養のアンバランス、仕事のストレスなどが複雑《ふくざつ》に絡《から》み合って、病気が起きています。

そこで、あなたの質問を、「健康問題を、心の方面からだけではなく、食生活から考えていくことも可能《かのう》でしょうか」という趣旨《しゅし》だと考えれば、「それは、それなりによい方法です。心のコントロールができれば最《もっと》もよいのですが、それができない人は、食生活のほうから攻《せ》めていくやり方もありえます」と答えることができるでしょう。

物質的な部分に問題があり、その影響《えいきょう》で精神的《せいしんてき》なつまずきが起きている場合もかなりあります。たとえば、成人病（生活習慣病《せいかつしゅうかんびょう》）はほとんどそうだろうと思います。ただ、食べすぎ、お酒の飲みすぎ、油っこいものの摂《と》りすぎなどで、高血圧《こうけつあつ》になったり内臓《ないぞう》を傷《いた》めたりして病気になるのは、自業自得《じごうじとく》だと言えます。

このように、栄養のアンバランスによって体が悪くなっている場合には、食生活を改善《かいぜん》することによって体を治《なお》すことができます。その結果、心のほうまでよくなる場合もありえます。

結局、「健康にとっては、心も食事も両方とも大事だけれども、七割ぐらいは心のほうが大事である」ということです。これが基本《きほん》です。心の問題が健康に影《えい》響《きょう》することのほうが多いのです。

ただ、それが分からない人に対しては、まず食べ物のほうから入っていき、「栄養のバランスをとって、健康になってください。健康になれば、笑顔《えがお》が出るでしょう。それで、他《た》の人と仲《なか》よくして、心の調和をとってください」とアドバイスをするという方法でもよいでしょう。

心と体の関係については、一般的には心のほうに比重《ひじゅう》があるわけですが、個々の問題においては、「鶏《にわとり》が先か、卵《たまご》が先か」の議論《ぎろん》であって、単純《たんじゅん》な結論《けつろん》は出ないものなのです。

4

頭のよし悪《あ》しにおける、脳《のう》と魂《たましい》のかかわり

Q

頭のよし悪《あ》しは魂的《たましいてき》な問題なのでしょうか。それとも、親からの遺伝《いでん》などによる肉体的な問題なのでしょうか。

A

子供《こども》は「親子の縁《えん》」によって生まれる

親子には、「親子の縁《えん》」というものがあります。親子の関係は偶然《ぐうぜん》にはでき上がらないのが普通《ふつう》です。「事情が変わって親子になる」ということもありますが、たいていの場合は、親子の縁によって子供《こども》が生まれてきます。親子の縁は父母のどちらかにあります。もちろん、両方に縁がある場合が多いでしょう。

どのようなときに子供として生まれることができるのでしょうか。

親子の縁を持つ場合は主《しゅ》として三つあります。

一番目は、過去世《かこぜ》でも肉親だった場合です。これが全体の六、七割《わり》を占《し》めます。

それから、地上で仕事をなしていくにあたって、親から特定《とくてい》の性格や能力を引き継《つ》ぐほうが都合《つごう》がよいときには、そういう家庭環境《かんきょう》のところに生まれる場合があります。これが二番目です。

三番目は、「親子になることを他《た》の人が決めてくれた」という場合です。もちろん、一定の縁はあるわけですが、あまり主体性のない魂《たましい》だと、「おまえは、だいたい、この辺が相当である」という割《わ》り当《あ》てを受け、生まれてくることもあるのです。

これらのうちで、二番目の、親の持っている才能や傾向性《けいこうせい》などを欲《ほっ》して生まれてくる場合を考えると、やはり、「優秀《ゆうしゅう》な魂は親を選《えら》ぶ」と言えるでしょう。

ただ、「波長同通《はちょうどうつう》の法則《ほうそく》」というものが働いているので、ある程度《ていど》、波長の似《に》た人でないと親子になれません。そのため、優秀な魂は、自分とよく似た波長を持ち、特定の能力などのある人を、親に選ぶ傾向があるわけです。

人間は、この世に生まれてくる前は、魂の世界において、それぞれの村や町に住んでいるわけですが、一つの集落に住む人たちには一定の傾向性があります。

そして、近くに住んでいる人たちとは波長が似ているのですが、まったく違《ちが》う所に住んでいる人たちとは、波長はかなり違っています。

このように、魂の波長が合うと、互《たが》いに引き寄《よ》せられますが、魂の波長が合わないと、同じ所に長くいることは難《むずか》しいのです。

魂《たましい》の系統《けいとう》による違《ちが》い

知的な面、知性を重視《じゅうし》する魂《たましい》グループに属《ぞく》している人は、地上に生まれてきても、やはり知性に優《すぐ》れ、「頭がよい」と言われることが多いのですが、一方、感性を重視する魂グループに属している人だと、感性は非常に優れていても、知性はいま一つである場合があります。それから、理性的な魂の系統《けいとう》を引いている人は、非常に論理的《ろんりてき》な側面《そくめん》を持つと言えます。

こういうことは「気質」「性格」などと呼《よ》ばれていますが、このように、魂の系統はさまざまであり、霊的《れいてき》な頭のよさと、この世的な頭のよさとは少し違《ちが》うため、これらのうち、どれが頭がよく、どれが頭が悪いかというのは、実際には判《はん》定《てい》しがたいのです。地上では、学校の先生が生徒を見て、頭のよし悪《あ》しを判断《はんだん》していますが、その場合、知性的な面は測《はか》れても、感性や理性、発想などといった面はあまり測れません。そもそも魂の系統が違うので、頭のよさをどう評価《ひょうか》するかは難《むずか》しいところがあるのです。

頭のよし悪《あ》しの原因は、魂が七割《わり》で肉体が三割

以上の話を前提《ぜんてい》にした上で、「頭のよさは、魂的なものか、肉体的なものか」ということを考えてみましょう。実は、その七割《わり》は魂的なものなのです。

魂が赤ちゃんの体内に宿ると、肉体が成長していく際《さい》に、脳《のう》の部分は、しだいに魂の傾向性に合ったものになっていきます。脳というものは、いわばコンピュ

ータの部分で、情報《じょうほう》の整理や伝達のための〝機械〟であり、魂は自分なりのコンピュータをつくり上げていくわけです。

したがって、頭のよし悪《あ》しには魂の影響《えいきょう》が大きく、これが七割ぐらいを占《し》めます。そして、残りの三割ぐらいが肉体的な影響なのです。

それでは、肉体的な影響とは何かというと、脳が発達するためには肉体的条件《じょうけん》があり、それは二つの要素《ようそ》から成《な》り立っています。

一つは、脳ができるための素材《そざい》の問題です。戦時中などのように、栄養失調《しっちょう》の時期があると、本来は優秀《ゆうしゅう》な魂の人であっても、脳が育つときに素材が不足してしまい、脳が充分《じゅうぶん》に発達しない場合があります。これには家庭環境《かんきょう》も大いに影響します。

こうした素材をつくるときに大事なのは、タンパク質です。タンパク質は、大《だい》豆《ず》、牛乳《ぎゅうにゅう》、卵《たまご》、魚、肉などに含《ふく》まれています。脳の発達過程《かてい》において、タンパク質の摂取《せっしゅ》の状態《じょうたい》が悪いと、脳の発達が充分になされず、〝機械〟として、いま一つ稼働《かどう》がよくないのです。また、脳を稼働させるには糖分《とうぶん》と酸素《さんそ》が必要です。

まず、こうした栄養上の側面があります。

もう一つは訓練上《くんれんじょう》の側面です。魂的には非常に頭がよく、栄養面でも問題がなかったとしても、脳がコンピュータとして充分に稼働していくためには、それを動かす操作法《そうさほう》、オペレーションを覚《おぼ》えなくてはならず、その訓練が必要です。これを怠《おこた》った人は、脳がそれほど発達しないのです。

いくら才能に恵《めぐ》まれていても、子供《こども》から大人になっていく過程で努力をしなかった人は、脳の発達が不完全なままで終わります。逆《ぎゃく》に、もともと素質《そしつ》が悪くても、努力することによって操作が非常に上手《じょうず》になり、賢《かしこ》くなることもあるのです。

このように、頭のよし悪しの原因は、だいたい、先天的《せんてんてき》なもの、魂的なものが七割、後天的《こうてんてき》なもの、肉体的なものが三割だと考えてください。

5 遺《い》伝《でん》病《びょう》は克《こく》服《ふく》できる

Q

遺伝《いでん》が原因で病気になるケースもありますが、霊的《れいてき》観点から見ると、遺伝と病気との関係はどうなっているのでしょうか。

A

肉体は車、魂《たましい》は運転手

遺伝子《いでんし》は肉体の設計図《せっけいず》のようなものです。子供《こども》は親から設計図を貰《もら》い、その設計図どおりに肉体ができ上がっていきます。ただ、最終的にどのような肉体ができ上がるかは、後天的《こうてんてき》な要素《ようそ》の影響《えいきょう》が半分以上あります。

たとえば、両親がスポーツマンで、堂々《どうどう》たる体格だったとしても、生まれてきた子供がまったくスポーツをしなかったら、そういう肉体にはならないでしょう。また、親は頭がよく、インテリであっても、その子供が学習面で充分《じゅうぶん》な努力をしなければ、親のようにはなれません。

ある程度《ていど》の設計図はあっても、最終的にどのようになるかは、人によってさまざまなのです。

これは車と運転手の関係にたとえることもできます。肉体が車で、魂《たましい》が運転手です。

車の運転においては、同じ車であっても、運転手が変わると、やはり違《ちが》うものです。車の性能《せいのう》をよく知っている人や、運転技術《ぎじゅつ》の高い人が運転すると、みごとな運転ができますが、運転の下手《へた》な人が乗ると、どれほど性能のよい車であっても、上手《じょうず》な運転はできません。

また、車種によって車の性能は違いますが、性能の劣《おと》った車であっても、運転手の腕《うで》がよいと、運転の下手な人が性能のよい車に乗っているとき以上の成果《せいか》をあげることは可能《かのう》です。

さらには、車の使い方や手入れの仕方のよし悪《あ》しによって、車が故障《こしょう》したり、しなかったりします。

肉体の病気の場合も同じです。たとえ故障しやすい車であっても、充分に点検《てんけん》しながら乗れば、あまり故障しないで済《す》むように、病気になりやすい遺伝子を持った肉体だったとしても、充分に気を付ければ、病気にならないこともあるのです。

遺伝子《いでんし》のなかにある霊的《れいてき》な刻印《こくいん》

もっとも、気を付けただけでは逃《のが》れられないものもあります。なぜなら、遺伝《いでん》子《し》には、霊的《れいてき》なる理念《りねん》というものが打ち込《こ》んであるからです。遺伝子のなかには、ある程度、その人の運命が入っているのです。

普通《ふつう》ならば、誰《だれ》しも長生きするのが望《のぞ》ましいでしょうが、それだけでは人生修《しゅ》行《ぎょう》にならない場合もあって、子供時代に亡《な》くなる人、若《わか》い時代に亡くなる人、中年で亡くなる人など、いろいろな年代で亡くなる人がいます。

そういう運命がもともと設定《せってい》されている人もいるのです。なぜなら、その人にとっては、その体験が何らかの魂修行《たましいしゅぎょう》になるからです。

このような場合には、遺伝子のなかに、そういう霊的な刻印《こくいん》、運命の刻印があります。これはなかなか除《のぞ》けません。そのため、一定の年代になると、予定された病気になって死ぬことがあります。病気ではなく、事故《じこ》の場合もあります。

ただ、事情が変わるなどの理由によって、予定とはまったく違った人生を生きていくこともあります。たとえば、「仏法真理《ぶっぽうしんり》の勉強をした結果、それまでとは違って、指導霊《しどうれい》による指導を受けるようになったため、予定が急に変わってしまう」という場合もあるのです。

しかし、そういうことがなければ、予定された時期が来ると、予定された病気などで亡くなることがよくあります。早世《そうせい》する人というのは、たいてい、ある程度は決まっているのです。

もっとも、お酒の飲みすぎなど、不養生《ふようじょう》が原因で死ぬ人の場合は、それがもともと予定されていたものかどうかは分かりません。遺伝子のなかに、「お酒が好《す》きだ」という要素が入っていたのかもしれませんが。

霊的には三十歳《さい》が一つの節目《ふしめ》

男女とも、三十歳《さい》ぐらいまでは、性格や体質などにおいて、かなり、生まれつきに影響《えいきょう》されます。

しかし、三十歳を過《す》ぎると、遺伝など、親から受け継《つ》いだものによって決定される部分よりも、後天的《こうてんてき》な要素によって決定される部分のほうが大きくなります。これが一般的《いっぱんてき》なケースです。

そのため、三十歳を過ぎると、親子でもあまり似《に》ていなくなったり、兄弟でもまったく違うようになったりします。

このように、霊的には三十歳が一つの節目《ふしめ》です。それからあとは、自分で責任《せきにん》を負《お》って生きていく時代に入り、どんどん変わります。顔も変わりますし、性格も違ってきます。

これは、生まれてからのさまざまな経験《けいけん》によって、魂《たましい》の本来の生地《きじ》が出てくるからです。そのため、親子や兄弟であっても、魂の違いの部分がしだいに明らかになってくるのです。

なお、医学的見地《いがくてきけんち》を付け加えると、親子は体質や生活習慣《せいかつしゅうかん》が似てくるので、親がかかった病気は、事前《じぜん》に予防《よぼう》しておくことです。生活習慣病などは、注意と努力によって克服《こくふく》できます。

6 明るい家庭が幼児虐待《ようじぎゃくたい》を防《ふせ》ぐ

Q

いま、親による幼児虐待《ようじぎゃくたい》が非常に大きな問題になっています。幼児虐待には何か霊的作用《れいてきさよう》が働いているのでしょうか。

また、私は看護《かんご》関係の仕事をしていますが、悪い霊的作用を受けないようにするには、どうすればよいのでしょうか。

A 執拗《しつよう》な幼児虐待《ようじぎゃくたい》には悪霊《あくれい》の影響《えいきょう》がある

幼児虐待《ようじぎゃくたい》にもいろいろありますが、いちばん多いのは母親のストレスによるものです。

本来は夫《おっと》に向《む》けるべきストレスを、夫に向けると暴力《ぼうりょく》が返ってきたり、厳《きび》しい言葉の剣《つるぎ》が飛んできたりするため、夫に向けることができないような場合には、それを子供《こども》に向けるということがよくあります。

あるいは、姑《しゅうとめ》や舅《しゅうと》からの意地悪《いじわる》に対して、ほんとうは何とかしたいのだけれども、姑や舅には敵《かな》わないので、そのストレスを子供に向けるということもあります。

こういうストレスが原因で子供に当たるという場合は多いのですが、はっきり言って、これは八つ当たりです。

そして、あまり執拗《しつよう》な幼児虐待をしている場合には、霊的作用《れいてきさよう》があると見て間《ま》違《ちが》いありません。そういう母親には、たいていの場合、やはり悪霊《あくれい》の影響《えいきょう》があります。

悪霊が来ると、明らかに人格が変わります。とにかく、物事《ものごと》がすべて悲観的《ひかんてき》に見え、自分を不幸にしている原因を外部に求めたくなるのです。

その原因として、いちばん責《せ》めやすいのは子供であるため、子供に対して、「おまえがこんなに手間《てま》がかかるから、私は不幸なのだ」などと思うようになります。母親を縛《しば》り、仕事の邪魔《じゃま》をするもののなかで、子供がいちばん大変なものなので、子供に当たることになるのです。

しかし、これでは子供がかわいそうです。そんなことでいじめられたら、子供もおかしくなります。

家庭を明るくする努力を

こういう場合には、もっと家庭を明るくする以外にないと思います。家庭を明るくする努力をすることです。

「悪霊《あくれい》、悪霊」と言って恐《おそ》れる必要はありません。彼《かれ》らは、ちょうどゴキブリのようなものであり、よく整理整頓《せいとん》してある、明かりの強い所には出られないのです。ゴキブリが出る所は、いつも台所のゴミためのような所ばかりです。悪霊も、家庭のなかで不平不満がたまっている暗い部分に来るので、その部分を明るくしていかなくてはならないのです。

そのためには、ご主人をはじめ、家族の理解《りかい》と協力が非常に大事です。「これはいけない」と思ったならば、みんなで家庭を明るくしていくことです。よく理解してくれる夫、話し相手になってくれる夫がいれば、妻《つま》はよくなります。

また、嫁姑《よめしゅうとめ》の問題についても、互《たが》いに、もっと相手のよい面を見ていく努力をしなくてはなりません。

たとえば、「お姑さんに、いつもいじめられる」と思っている人は、一度、次のように話してみることです。

「おかあさん。私が至《いた》らない嫁であることはよく分かっていますし、私の欠点もよく分かっています。その点については、今後、努力して改《あらた》めていきたいと思います。

ただ、同じ屋根の下で一緒《いっしょ》に住んでいるのですから、互いに、ほめ合うような生き方をしたほうが幸福だと思います。私も、おかあさんのことをよく思いたいと思います。

だから、おかあさんも、私の努力が完成するまで少し待っていただけませんでしょうか。頑張《がんば》ってみますから、どうか、お時間を下さい」

姑《しゅうとめ》から厳《きび》しいことを言われた場合に、嫁《よめ》が「私に文句を言わないでください」と言うと、相手は怒《おこ》るので、「お時間を下さい」と言うのです。「お時間を下さい。そのあいだに努力します」と言えば、相手は納得《なっとく》します。「いまはだめだけれども、よくなるかもしれない」ということで、大目《おおめ》に見てくれるようになるのです。

こういう努力をする必要があると思います。

仏法真理《ぶっぽうしんり》の書籍《しょせき》などで光の供給《きょうきゅう》を受ける

次に、看護《かんご》関係《かんけい》の仕事に就《つ》いている人に関してですが、そういう仕事はストレスの多い仕事であるため、気を付けないと、悪霊《あくれい》の影響《えいきょう》を受けることがあります。

病人や老人、子供などの看護をしているうちに、霊的な影響を受けるようになることが多く、なかには、心の状態《じょうたい》があまりよくない人もいるのです。

したがって、そういう仕事に就いている人は、無限《むげん》の愛の供給源《きょうきゅうげん》になるつもりでいなければなりません。そして、仕事にかかる前に、毎日、エネルギーを補給《ほきゅう》しておく必要があります。

たとえば、朝、仕事に出る前に、仏法真理《ぶっぽうしんり》の書籍《しょせき》を読んだり、光の言魂《ことだま》が入った、仏法真理のテープやＣＤを聴《き》いたりしておくことです。

また、幸福の科学の三帰信者《さんきしんじゃ》（幸福の科学の三帰誓願式《さんきせいがんしき》にて、「仏《ぶっ》・法《ぽう》・僧《そう》」の三宝《さんぽう》に帰依《きえ》することを誓《ちか》った人）であれば、『仏説《ぶっせつ》・正心法語《しょうしんほうご》』『祈願文《きがんもん》①』『祈願文②』という経典《きょうてん》が与《あた》えられるので、これらを読誦《どくじゅ》し、一定の時間、心の波動《はどう》を天上界《てんじょうかい》に合わせて、光の供給を受けておくことです。

そして、心が調和できたならば、朝、お祈《いの》りもしておいたほうがよいのです。看護関係の仕事をしている人であれば、「きょうも、私は、愛の塊《かたまり》となって、自分の仕事を全《まっと》うしたいと思います。どうか、きょう一日、力をお与えください」と祈ればよいでしょう。それによって天上界から力が与えられ、いろいろな人々を明るくしていけるのです。

看護の仕事は大変な仕事であり、他人の不幸の影響《えいきょう》を受けてしまうこともあるので、そういう仕事をしている人は、しっかりと仏法真理を勉強して、いつも光を強くする工夫《くふう》をしていただきたいと思います。

なお、夫が子供に暴力を振るう場合も霊障《れいしょう》が主流ですが、妻が子供にかまけて自分の面倒《めんどう》を見てくれないこと、仕事上のストレス、性的欲求不満《せいてきよっきゅうふまん》（これは妻の暴力も同じ）などが隠《かく》れた原因です。夫も大きな子供だと思って、一名分、数えておいてください。子連《こづ》れ再婚《さいこん》で、新しい配偶者《はいぐうしゃ》が血のつながっていない子供を虐待するなら深刻《しんこく》な問題です。まずは、しっかりとした仏法真理を身につけることが先決でしょう。

7 短気を直し、忍耐強《にんたいづよ》くなるには

Q

私は、「短気で、人に厳《きび》しい性格だ」と、家族からもよく言われます。このような性格を直し、忍耐強《にんたいづよ》くなるには、どうすればよいでしょうか。

A

「自分も完全ではない」ということを自覚する

短気な性格の人は、完全主義的な傾向《けいこう》を持っていて、非常に神経質です。そして、厳格《げんかく》さ、完全主義を、自分に対して求めるだけでなく、他《た》の人に対しても求めます。そのため、気が短くなり、すぐに腹《はら》が立って、カッカするのです。

こういう人にとって大事なことは、「人間の本質をよく知る」ということです。「自分もそれほど完全な人間ではない」ということを知る必要があるのです。

そのことに自分自身で気付かない場合には、外部的な要因《よういん》により、気付きのきっかけが与《あた》えられます。「天狗《てんぐ》の鼻《はな》を折《お》られる」という現象《げんしょう》が必ず出てくるのです。

完全主義者は、実は「完璧《かんぺき》になりたい」と思っているだけなのに、「自分は完壁だ」という錯覚《さっかく》に陥《おちい》っています。要するに、背伸《せの》びをして生きている人間なのです。高く上《のぼ》っていると、落ちたときに痛《いた》いように、完全主義者は、その鼻を折られる現象が出てくると、自分も完全ではないことを深く感じるのです。

それを、何らかの失敗《しっぱい》によって感じることもあれば、病気などで他の人から介《かい》抱《ほう》されることになって感じることもあります。そういう経験《けいけん》を通《とお》して悟《さと》ることがあるのです。

このように、「失敗などによって、『みずからも完全な人間ではない』ということを知り、他人に優《やさ》しくなる。挫折《ざせつ》、失敗の経験を通して自覚する」ということがあります。

教養を身につける

二番目に大事なことは、「教養を身につける」ということです。

教養のある人は短気ではありません。「自分は短気だけれども、教養はある」と思っている人もいるでしょうが、ほんとうに教養のある人は短気ではないのです。

教養のある人が、なぜ短気になれないかというと、自分と相手とのあいだに教養の差があるときには、言い争《あらそ》いができないものだからです。

たとえば、学校の先生は、本気になって生徒とけんかをする気にはならないでしょう。

それと同じように、教養のある人は、自分より教養のない人に対して、厳《きび》しくは言えません。相手が分かっていないということがよく分かるので、その人に対し、嚙《か》んで含《ふく》めるようなかたちで話すことになるのです。

したがって、「もっと勉強をして、教養を積《つ》む」ということも、短気を直す方法の一つなのです。

信仰心《しんこうしん》を持つ

短気を直す方法として、三番目に言えることは、ほかならぬ信仰《しんこう》です。信仰の世界に入り、仏神《ぶっしん》のことを考えはじめると、「人間心《にんげんごころ》で人を裁《さば》く」ということが、どうしてもできなくなってくるのです。

完全主義者は自分に自信《じしん》を持っていて、自己評価《じこひょうか》がかなり大きくなってしまっています。

しかし、毎日、仏神のことを考えていると、しだいに自分が小さな存在《そんざい》に見えてきます。自分が大宇宙《だいうちゅう》のなかの一点に見えてきます。そのため、尊大《そんだい》になれず、謙虚《けんきょ》にならざるをえないのです。

仏神に対して謙虚な自分を見いだした人は、他の人に対して短気を起こせません。「自分のような人間でさえ、生かしていただいている。こんな至《いた》らない自分でさえ、生かしていただいている」と思うと、他の人に対して、厳しいことがなかなか言えなくなってくるのです。

以上、短気を直す方法を三つ挙《あ》げました。一番目は「自分も完全な人間ではないことを悟る」ということ、二番目は「教養を身につける」ということ、三番目は「信仰心《しんこうしん》を持つ」ということです。

なお、本格的《ほんかくてき》な修行《しゅぎょう》に取り組みたい人は、当会の『日光精舎《にっこうしょうじゃ》』で八正道《はっしょうどう》の研修《けんしゅう》を受けるとよいでしょう。「正思《しょうし》」や「正語《しょうご》」についての反省が特《とく》に大切です。

Q 8

愛の器《うつわ》を広げる方法

愛の器《うつわ》を広げる方法と、相手に合わせて仏法真理《ぶっぽうしんり》の話をする「対機説法《たいきせっぽう》」の能力を磨《みが》くコツについて、教えてください。

A

「理解《りかい》した」は「愛した」と同義《どうぎ》

愛に関しては、基本的《きほんてき》には、人を理解《りかい》できるかどうかが大事です。「理解した」ということは、「愛した」ということと、ほぼ同義《どうぎ》なのです。

愛せないのは、理解できないからです。「どうして、この人を愛せないのだろう」と思うかもしれませんが、それは理解できないからなのです。理解できたら愛せるのです。

夫婦《ふうふ》の場合でも、相手を愛せないときは、相手を理解できないときです。たいてい、そうです。相手を理解できたら愛せるのですが、理解できないのです。

夫《おっと》も妻《つま》も、それぞれ言い分があり、お互《たが》いにそれを言っているのですが、相手の言い分が納得《なっとく》できず、自分の気持ちが許《ゆる》さないため、けんかになってしまうのです。そういうところがあります。

人は、理解できれば愛せるのです。

経験《けいけん》と知識で理解力を高める

対機説法《たいきせっぽう》についても同じであり、どれだけの人を理解できるかが大事だと思います。

自分と合うタイプの人にしか話が通じないのであれば、仏法真理《ぶっぽうしんり》の話のできる範囲《はんい》が狭《せば》まってしまいます。

自分を受け入れてくれる人に話すのであれば、楽でしょう。「あなたはいい人だ。あなたの言うことであれば信じられる」と言ってくれている人に話をして、「ああ、いい話だった」と言ってもらうのは、それほど難《むずか》しいことではありません。

しかし、そういう相手でない場合には、なかなか難しいと思います。ハンマーで打ち破《やぶ》るぐらい頑張《がんば》らないと、どうしても聴《き》かない人もいます。

また、「縁《えん》なき衆生《しゅじょう》」という言葉もあるように、なかには、いくら話してもだめで、「拳銃《けんじゅう》で脅《おど》されたって信じない」という人もいるのです。

愛の器《うつわ》を広げるために必要なのは、まず理解力です。人を理解する力です。これは、努力すれば身につきます。経験《けいけん》を積《つ》んだり、知識を増《ふ》やしたりしていけば、人を理解できるようになるのです。

理解できた相手のことは、愛することができます。また、「自分は理解された」と思った人は、「自分は愛された」というように感じるのです。

相手の言うことをよく聴《き》く

相手を理解するためには、相手の言うことをよく聴《き》くことも大事です。相手の話をよく聴いてあげると、相手を理解できるようになります。たいていは、自分の話を一方的に押《お》し付けているのであって、相手の話を聴いていないのです。

家庭においても、ほかには何もしなくても、ただ相手の言うことをよく聴いてあげるだけで解決《かいけつ》する問題は、たくさんあります。

「奥《おく》さんが、いろいろと悩《なや》みを抱《かか》えていて、なかなか解決できない」という場合であっても、何のことはない、「ご主人が、二、三時間、奥さんの話を聴いてあげたら、それで終わり」ということだってあるのです。

したがって、相手を理解するためには、聴く能力を高めることです。「相手の話を聴いてあげよう」と思うことも愛の心なのです。

対機説法の場合も同じであり、「どれだけ人を理解できるか。世の中には多くの種類の人間が存在《そんざい》するということを、どれだけ知っているか」ということが大事です。湖に、たくさんの種類の魚がいるように、人間にもたくさんのタイプがあり、それぞれの人のタイプによって、悩むことや悩み方が違《ちが》うのです。たとえば、励《はげ》まされると元気になり、すぐに立ち直る人もいますが、逆《ぎゃく》に、励まされると、「とてもついていけない」と考えて自殺してしまう人だっているのです。

相手の人がどのようなタイプかが分かるようになるためには、経験知《けいけんち》を増やしていくしか方法はありません。そのためには、相手を理解する努力が大事なのです。

蓮《はす》の華《はな》のたとえ

伝道の基本《きほん》として、釈尊《しゃくそん》は二千五百年前に「蓮《はす》の華《はな》のたとえ」というものを説きました。

「ある蓮の華は、水面から茎《くき》を伸《の》ばし、大きな華、大輪《たいりん》の華をみごとに咲《さ》かせている。自力《じりき》で咲いている。こういう蓮の華は、そのままで完成しているので、これに対して、してやれることは何もない。

ところが、沼《ぬま》の底《そこ》あたりにあって、泥《どろ》のなかに埋《う》まり、なかなか水面に出てこない蓮もある。何とかして華を開《ひら》かせようとしても、そう簡単《かんたん》には水面の上に出てこない。これを咲かせることは、非常に根気《こんき》が必要であって、大変である。

しかし、ある蓮は、水面すれすれの、もう少しで水の上に出そうなあたりにある。少し努力して、こういう蓮を助けてあげれば、その蓮は、みごとに首を出し、華を開かせるであろう」

釈尊《しゃくそん》は、このようなたとえを説いたのです。

相手のタイプを見分けて話をする

伝道の基本は、このたとえに出てくる三番目の蓮、すなわち、いまちょうど悟《さと》りの手前にいる人たちを助けてあげることです。

「もう少しで水面に出そうだが、ちょっと努力や介添《かいぞ》えが要《い》る」という人たちは、手助けさえあれば、みごとに華を咲かせることができるのです。

一方、すでに自分で咲いている人、すなわち、「幸福になりたいですか」と訊《き》かれても、「もう充分《じゅうぶん》に幸福です。満足です」と言うような人もいます。

実際、素晴《すば》らしい生き方をしている人もいて、こういう人は、自分が頭を下げるほど立派《りっぱ》な人から話をされたら、言うことをきくのでしょうが、それほどでもない人から話をされても、「あなたより私のほうが幸福です」と言って、なかなか言うことをきかないものです。

そういう人は、みずから宗教《しゅうきょう》に興味《きょうみ》を持つようになったときでなければ、いくら話をされても、「宗教は必要ない」と言うかもしれません。

さらには、非常にあこぎな生き方をしていて、何度言われても跳《は》ね返してしまい、法《ほう》が通《とお》らない人もいます。こういう人に伝道するのも大変です。

この場合にも、機会《きかい》を待たなければいけません。たとえば、その人が病気になったり、配偶者《はいぐうしゃ》が死んだり、子供《こども》に問題が起きたり、事業が失敗《しっぱい》したりしたときです。その際《さい》、相手は法を必要とするので、適切《てきせつ》な話をすればよいのです。

いちばん伝道が必要なのは、「もう少しで真理にたどり着いて、素晴らしくなれる」という人たちです。こういう人たちへの伝道が、大切かつ必要であることを釈尊《しゃくそん》は述べています。これは現代でも同じです。

この三種類のタイプを見分けて努力すれば、伝道はうまくいくと思います。

あとがき

一人でも多くの人に幸福になってもらいたいと、私が『幸福の科学』をスタートさせて、もう十七年以上の歳月《さいげつ》が過《す》ぎた。著書《ちょしょ》も三百数十冊《さつ》となり、印刷部数も一億部を超《こ》えているだろう。私の説法《せっぽう》を直接、間接に聴聞《ちょうもん》した人も、一千万人をはるかに超えているだろう。

それでも本書を世に問う意味はあると考える。思想は常《つね》に、身近《みぢか》なかたちで、生きている人間に還元《かんげん》していかなければ、その生命《せいめい》を失《うしな》うからだ。テーマが具体《ぐたい》的《てき》であり、今、そこにいる人間を相手にしているからこそ、真剣勝負《しんけんしょうぶ》も白熱《はくねつ》してくる。著者《ちょしゃ》自身でさえ、本書を繰《く》り返して読むと、自分の人生の指針《ししん》になるくらいだから、初めて仏法真理《ぶっぽうしんり》に接《せっ》した人は、宝《たから》の山に向《む》かい合っている気分がするであろう。

さて、もっと理論的《りろんてき》にも幸福について学んでみたいと考えている人たちのために、来年一月『幸福《こうふく》の法《ほう》』を刊行《かんこう》する予定である。期待《きたい》していただきたい。

二〇〇三年　九月

幸福《こうふく》の科学総裁《かがくそうさい》　大川隆法

本書は月刊「ザ・リバティ」掲載の左記の質疑応答を編集したものです。

第1章　お父さんの幸福へのヒント

1　中年男性の自殺を防ぐには　二〇〇三年三月号～六月号

2　仕事に疲れたお父さんへの接し方　一九九七年十二月号

3　体を壊したご主人への思いやり　一九九八年十二月号

4　不遇な時期の過ごし方　一九九八年七月号

5　試練を乗り越えて成長するには　二〇〇一年一月号

第2章　夫婦の幸福へのヒント

1　やる気のない夫のために妻がすべきこと　二〇〇〇年六月号

2　家庭内での暴力の原因と対処法　二〇〇二年十二月号
～二〇〇三年二月号
3　離婚を乗り越える方法　一九九八年十一月号
4　熟年離婚の危機を防ぐには　二〇〇三年十一月号

第3章　子供の幸福へのヒント

1　真の英才教育とは　一九九七年二月号
2　天分を伸ばす教育法　一九九八年十月号
3　人生の基礎を教える、学校と家庭のあり方　二〇〇一年八月号
4　親子で直す、非行と登校拒否　一九九八年八月号
5　ハンディを背負う子供たちへ　一九九八年九月号
6　テレビゲームに熱中する子供への対応　一九九七年九月号

7　正しい生き方をはぐくむ〝心のしつけ〟　二〇〇一年七月号
8　非行防止に必要な宗教教育　二〇〇一年六月号

第4章　みんなで明るい家庭をつくろう

1　家庭を明るくするには　一九九九年一月号
2　第二の青春を迎える秘訣　一九九七年十月号
3　心の持ち方と食生活　一九九七年十一月号
4　頭のよし悪しにおける、脳と魂のかかわり　一九九七年五月号
5　遺伝病は克服できる　一九九八年一月号
6　明るい家庭が幼児虐待を防ぐ　二〇〇二年三月号
7　短気を直し、忍耐強くなるには　二〇〇一年四月号
8　愛の器を広げる方法　二〇〇三年九月号～十月号

『幸福へのヒント』大川隆法著作参考文献

『大悟の法』（幸福の科学出版刊）
『常勝の法』（幸福の科学出版刊）
『黄金の法』（幸福の科学出版刊）
『しあわせってなあに』（全八巻・幸福の科学出版刊）
『常勝思考』（幸福の科学出版刊）

大川隆法（おおかわ りゅうほう）総裁 ご紹介

一九五六（昭和三十一）年七月七日生まれ。宗教法人「幸福の科学」総裁。東京大学法学部卒業後、大手総合商社に入社され、ニューヨーク本社に勤務するかたわら、ベルリッツ・ニューヨーク校で上級語学研修を終了、ニューヨーク市立大学大学院で国際金融論を学ばれる。

一九八一年三月二十三日、大悟を得、人類救済のための大いなる使命を自覚される。一九八六年七月に退社独立され、同年十月に仏法真理伝道の機関「幸福の科学」を設立（「幸福の科学」は一九九一年三月に宗教法人格を取得）。

大川隆法総裁とは、地球系霊団の最高大霊である主エル・カンターレが地上に下生された存在であり、過去、その意識の一部が、インドで釈尊として、ギリシャでヘルメスとしてお生まれになったことがあります。今回ご降臨された大川隆法総裁は、そのご本体意識にあたります。

「エル・カンターレ」とは、「うるわしき光の国、地球」という意味であり、そのご本体意識のご降臨される時代は、つねに新しい地球世紀の始まりの時です。大川隆法総裁は、いま、過去の諸宗教、諸思想、諸学問等を整理統合され、二十一世紀以降の人類の新たな価値基準を打ち立てるべく、「幸福の科学」を母体とした壮大なる人類救済運動を展開されています。

仏法真理の書もすでに三百冊以上にのぼり、主な基本理論書には『太陽の法』『黄金の法』『永遠の法』『繁栄の法』『奇跡の法』『常勝の法』『大悟の法』『仏陀の証明』『釈迦の本心』『幸福の革命』等があり、代表的経典には『仏陀再誕』『永遠の仏陀』等があります。また、英訳版をはじめ、外国語訳版の書籍も数多く刊行されており、海外でも多数の会員が仏法真理の探究・学習・伝道に励んでおります。

幸福《こうふく》へのヒント ——光り輝く家庭をつくるには——

2003年9月27日　初版第1刷

著　者　大《おお》川《かわ》隆《りゅう》法《ほう》

発行所　幸福の科学出版株式会社

〒142-0051　東京都品川区平塚2丁目3番8号
TEL(03) 5750-0771

印刷・製本　内外印刷株式会社

落丁・乱丁本はおとりかえいたします
©Ryuho Okawa 2003. Printed in Japan. 検印省略
ISBN4-87688-513-3 C0014

幸福の科学

心のユートピアから地球のユートピアへ──
宗教法人「幸福の科学」は、仏の理想を理想として、
この世とあの世を貫く幸福を目指しています。

「幸福の科学」は、地球系霊団の最高大霊《たいれい》、主エル・カンターレ、大川隆法総裁が説かれる地球的仏法真理《ぶっぽうしんり》によって、全人類を救済するために設立された宗教です。

幸福の科学に集《つど》う人々は、仏《ぶっ》・法《ぽう》・僧《そう》の三宝《さんぽう》に帰依《きえ》し、「正しき心の探究」と「愛・知・反省・発展」の四正道《よんしょうどう》の実践《じっせん》を通じて、自らの悟りの向上と、主の本願である一切衆生《いっさいしゅじょう》救済の実現のために、日々、邁進《まいしん》しています。

仏法真理の実践は、あなたの悩みの解決に役立つのみならず、人格の向上、人間関係の調和、職場での成功など、さまざまな幸福をもたらし、さらには、来世《らいせ》をも輝かせる力を持っています。

あなたも、全世界の仲間と共に、地球ユートピア建設の運動に参加しませんか。

幸福の科学の活動

●仏法真理の教えを編纂《へんさん》し、経典、CD、ビデオ、布教誌等を発刊、普及しています。

●全国の精舎《しょうじゃ》において、天上界と交流し、智慧《ちえ》と慈悲《じひ》を深めるための、研修や祈願、各種大祭や式典を開催しています。

●全世界の支部・拠点を中心に、総裁御法話拝聴会、各種大祭や式典、研修、祈願、集い等を開催し、一切衆《いっさいしゅ》生《じょう》救済のための伝道活動を展開しています。

幸福の科学入会のご案内

◆入会に際しては、最寄りの精舎、支部・拠点において、三帰誓願式《さんきせいがんしき》にのぞみます。三帰誓願式とは、仏（仏陀《ぶっだ》＝大川隆法総裁）・法（仏陀の説く教え）・僧（仏弟子の集団とそのルール）の三宝《さんぽう》に帰依《きえ》することを誓う、尊い儀式です。

◆三帰誓願をすると、幸福の科学の根本経典《こんぽんきょうてん》『仏説《ぶっせつ》・正心法語《しょうしんほうご》』と『祈願文《きがんもん》①』『祈願文②』を戴《いただ》くことができます。お申し込み方法等については、最寄りの精舎、支部・拠点、もしくは左記の電話番号までお問い合わせください。

TEL 03-5793-1727
受付時間 火～金：一〇時～二〇時
土・日・月：一〇時～一八時

大川隆法総裁の最新法話が掲載された
幸福の科学の雑誌・小冊子

小冊子

毎月１回発行

「ヘルメス・エンゼルズ」

親子で読める心の教育冊子

月刊「幸福の科学」

幸福の科学の教えと活動がわかる総合情報誌

「ザ・伝道」

涙と感動の幸福体験談

●幸福の科学の全国の精舎、全世界の支部・拠点に用意しております。詳細については下記の電話番号までお問い合わせください。
TEL **03 - 5793 - 1727**

雑誌

毎月 30 日発売
定価 520 円（税込）

心の総合誌

「ザ・リバティ」

●全国の書店で取り扱っております。バックナンバーおよび定期購読については下記の電話番号までお問い合わせください。
TEL **03 - 5750 - 0771**

幸福の科学総裁・大川隆法ベストセラーズ

幸福の原点
人類幸福化への旅立ち

幸福の科学の基本的な思想が盛り込まれた、仏法真理の格好の手引書。正しき心の探究、与える愛など、幸福になる方法が語られる。 1500円

幸福の革命
心の力が未来を変える

人類にとって、いまいちばん大切な、未来への選択とは。二十一世紀を拓く思想の胎動を告げ、世界宗教・幸福の科学の本願を示す。 1600円

幸福への方法
この世とあの世を貫く人生論

劣等感や挫折感に悩む現代人に贈る、幸福のメッセージ。霊的世界の真実を知り、理想的自己像を描いて生きるとき、未来は開ける。 709円

幸福への道標
魅力ある人生のための処方箋

自己顕示欲、自虐的精神など、人間の精神を阻害する考え方と、その対処法を具体的に説き明かし、幸福の生産者への道を示す。 1194円

「幸福になれない」症候群
グッドバイネクラ人生

自分ではそうと知らずに不幸を愛している――こうした人々を28の症例に分け、幸福への処方箋を詳細に説いた〝運命改善講座〟。 1500円

幸福のつかみ方
女性のための幸福論

恋愛、結婚、仕事、教育など、現代の女性が抱えるさまざまな悩みに的確に答え、幸福への指針を提示した質疑応答集。 971円

※表示価格は本体価格（税別）です。

幸福の科学出版

幸福の科学総裁・大川隆法ベストセラーズ

仏陀再誕
縁生の弟子たちへのメッセージ

我、再誕す——。二千五百数十年前、随喜の涙を流しながら聴聞した、あの懐かしき仏陀の言魂が、再び私たちの胸に迫る。　1748円

永遠の仏陀
不滅の光、いまここに

人生を輝かす仏陀の叡智が詩編として甦った現代の経典。深遠な真理が平易な言葉で語られた本書は、まさに人類の至宝である。　1800円

不動心
人生の苦難を乗り越える法

霊的人生観に裏打ちされた、偉大な人格を築くための方法論。本書は、あなたにとって、必ずや闇夜の灯台となるであろう。　1700円

常勝思考
人生に敗北などないのだ。

あらゆる困難を成長の糧とする常勝思考の持ち主にとって、人生はまさにチャンスの連続である。人生に勝利せんとする人の必読書。　1456円

悟りに到る道
心の発見から発展へ

死後の世界への旅立ち、正しい宗教の見分け方などを語り、宗教の目的である「悟り」への手がかりを分かりやすく解説した入門書。　1000円

光ある時を生きよ
絶対的勝利への道

個人や国家の成功理論など、発展の原理に属する教えを集め、人生に勝利する道を示す。人々に希望と勇気とエネルギーを与える書。　1194円

※表示価格は本体価格（税別）です。

幸福の科学出版

幸福の科学総裁・大川隆法

法シリーズ

太陽の法

エル・カンターレへの道

創世記や愛の段階、悟りの構造、文明の流転を明快に説き、主エル・カンターレの真実の使命を示した、仏法真理の基本書。　２０００円

黄金の法

エル・カンターレの歴史観

歴史上の偉人たちの活躍を鳥瞰しつつ、隠されていた人類の秘史を公開し、人類の未来をも予言した、空前絶後の人類史。　２０００円

永遠の法

エル・カンターレの世界観

『太陽の法』（法体系）、『黄金の法』（時間論）に続いて、本書は空間論を開示し、次元構造など、霊界の真の姿を明確に説き明かす。　２０００円

繁栄の法

未来をつくる新パラダイム

教育論、霊界論、成功的人生論、企業や国家の経営危機脱出論を展開し、信仰論における価値観の革命を訴えた「救世の法」。　１６００円

奇跡の法

人類再生の原理

個人の生き方から説きはじめ、歴史を検証しつつ、未来社会のデザインへと進む本書は、人類再生のための根源的なる思想を提示する。　１６００円

常勝《じょうしょう》の法

人生の勝負に勝つ成功法則

人生全般にわたる成功理論や企業経営の成功法、不況期の乗り切り方など、人生に勝利の灯をともすための兵法を説いた、智慧の書。　１８００円

大悟《たいご》の法

常に仏陀と共に歩め

「悟りと許し」の本論に斬り込んだ、著者渾身の一冊。わかりやすく現代的に説かれた教えは人生の疑問への結論に満ち満ちている。　２０００円

※表示価格は本体価格（税別）です。

幸福の科学出版